U0022026

神隱

——來自異界的誘惑

神隱しと日本人

小松和彥 著
簡白 譯

推薦序

神隱之姑隱性

林美容／中央研究院民族學研究所兼任研究員

小松和彥教授是日本知名的人類學者與民俗學者，以研究日本的妖怪文化著稱，相關的著作非常多，二〇一六年以來在華文的世界裡，他的著作也已出版了三本，時報文化出版公司所出版的這本《神隱——來自異界的誘惑》，算是他的第四本中文書了吧！

小松先生說，神隱一詞在當代的日本已消失不再使用，但是在我研究臺灣魔神仔的傳說與故事，在二〇一四年出版《魔神仔的人類學想像》一書時，瞭解到臺灣的年輕人，特別是哈日族，很多人知道什麼是「神隱」，當然大部分是透過宮崎駿《神隱少女》的動畫而知曉，我的書裡也約略的談到日本文化中的神隱故事，用以論述魔神仔的比較民俗學意涵，因為離奇的走失，特別是小孩子的走失，在日本被說成天狗或其他的隱神把小孩抓去了，臺灣的說法是魔神仔把小孩牽走了。小松先生認為神隱以及隱神所在的「異界」，顯然在當代的日本是消失不見了，而臺灣的魔神仔傳說故事傳續了漢人幾千幾百年的精怪傳奇，本質上是山精水怪，與漢人所構建的天、地、神、鬼、祖先、邪煞等，一同存在於我們對超自然世界的建構中，而且是結構上必需的存在，精怪是神明能夠制伏的；而日本的隱神，主要是天狗，還有狐狸、河童、鬼、山人、山姥等，其實也不離山精水怪的範疇，但日本就是不會用精怪這個詞來形容，就像漢人不會用神隱來說魔神仔把人牽走一樣。

閱讀本書，讓我最享受的是，不自覺地就要比較日本神隱故事與臺灣魔神仔故事，兩者之間有高度的相似性，例如天狗的紅臉，和魔神仔的紅眼，都有紅色的特徵；例如山人（山男）也有如小兒的，但又不像魔神仔是漢人版的矮人傳說，所以神隱故事也有許多和魔神仔不同的地方；例如天狗潛在山裡、具有飛翔能力，天狗喜歡男童，山男喜歡抓女人之類。不過，和本人魔神仔的書主要根據的是在田野所蒐集的傳說故事不同，本書主要引據的是十九世紀與二十世紀日本的諸多文獻所記錄的故事（也有早到十三世紀），讓人不得不嘆服日本在鄉土史與村莊史，以及各地的民俗記錄與研究積累的豐富資料，本書精選得宜，娓娓道來，細細分析，可見作者的學術功力。再加上譯文流暢精準，譯註畫龍點睛，很能增益讀者對本書的瞭解。

本書最引人入勝的地方是小松先生所說的異界，存在於人間世界之外的看不見的世界，其實包含著天上界、山中界、水中界、地下界，而此異界不僅讓人們遭遇各種不可思議的不幸或悲慘情況，也有可能象徵另一面是人們所嚮往的美好烏托邦。我非常同意小松先生的結論，神隱的目的在於遮掩真實世界的各種現狀，而製造的語彙和觀念。他所深刻描繪的這個日本文化的姑隱性，我在觀察研究臺灣文化時，也有類似的發現，說不定這是指向共存於許多人類文化幽微細緻面的通性。本書最顯著的論點便是神隱與異界的關連性，以及異界與日本民俗世界的密切相關，而此民俗世界其實是依附在傳統日本社會強固的村落共同體而展開的。本書所蘊含的諸多豐富的對於日本社會與日本文化的理解，非常值得推薦給所有對日本有興趣的讀者，我為本書的誕生額手稱慶。

爲何我們還需要瞭解神隱？

瀟湘神／作家

過去日本發生難以解釋的失蹤事件，人們便會說是「神隱」——人類被神給隱藏起來了。根據本書作者小松和彥所說，神隱已從當代的語境消失，即使是極端離奇的失蹤怪象，人們也傾向從現實的角度來解釋，如犯罪事件，隱藏人之神已從日常生活退場。既然如此，為何我們還需要瞭解「神隱」？說到底，神隱不就只是迷信，是古人搞不清楚狀況，擅自做出的解釋嗎？

然而，「神祕失蹤」只是現象，對這個現象，要怎麼解釋都行；為何日本人選擇了「神隱」這種解釋？隱藏人之神是什麼神？又是為何目的而將人擄走？這就涉及日本傳統社會對「異界」的想像，換言之，即是「文化的語境」。可以說，對神隱的研究，本身就是一種文化研究，亦即「何為日本人」的研究。

其實神隱觀念的退場，與妖怪退場是同一回事，這種神怪的困境，臺灣也正面臨著。無論是神明或妖怪，對「現代」價值來說都是不必要、可以捨棄的，人們甚至以譏嘲的語氣，輕易貶低為迷信。然而，那是不是太過草率了呢？我並非主張神明跟妖怪都是存在的，但就算現代價值觀拒斥了前現代想像，前現代跟現代也不是斷裂，而是連續的——無論是語言、歷史、文化。我們過去相信的世界荒誕不經，但那不是我們的一部分嗎？透過神怪重新理解過去，難道不會得到更為全面的視野嗎？

事實上，臺灣確實有理由重新理解妖怪與神明。

因為臺灣還沒有徹底現代化，傳統的迷霧尚未被弭平。譬如鹿港的「送肉粽」——擔心吊死者留下的煞氣帶來壞影響，因此以儀式消解——對外地人來說，那儀式令人毛骨悚然，也帶來恐怖想像，甚至發展成電影。但對鹿港人來說，那不過是尋常生活。同樣的儀式，為何想像有如此巨大的落差？說到底，外地人對「送肉粽」的獵奇想像，正是源於傳統的斷裂；對外地人，或現代人來說，這種儀式跟東南亞的降頭術差不多，都是陌生的、異國的、遠離日常生活的，但同一塊土地上的事，我們的想像居然要彼此斷裂嗎？從這個角度，本書《神隱——來自異界的誘惑》是很好的他山之石。重新理解、發現神隱，可以成為當代與傳統的橋梁，甚至讓我們成為「同伴」。

對臺灣的讀者來說，「神隱」還有饒富趣味之處，那就是即使「神隱」已經在現代日本退場，但在臺灣，我們依然容許這種前現代想像——要是出現難以解釋的失蹤或迷途，我們會解釋成「被魔神仔牽走」，場景在山區時尤其如此，直到前幾年，報紙上還有以魔神仔解釋事件的報導，充分反映臺灣的民俗觀。

身為妖怪小說家，我也對「妖怪造成的神祕失蹤」感興趣，進而發現這種離奇的迷失現象，居然也流傳在原住民間！像東部原住民間流傳的lalimenah，會讓走失者吃糞便、雜草、蟲子，而Saraw讓人迷路，將人擄進山裡，這些都跟魔神仔相似；甚至琉球都有類似傳說，「シッキー」這種妖怪能將人帶到遠方，讓人看到食物的幻覺，不是也近似魔神仔？

在小松和彥《神隱》的案例中，曾有被神隱的人把兔子糞便當成麥饅頭吃下去，讓人很難不聯想到魔神仔。而作為「神隱主犯」的天狗，曾有「隱身簑」傳說，其隱身的功能與中國的「山魈帽」相似，而山魈是與魔神仔關係匪淺的妖怪——難道日本的「神隱」，也跟臺灣魔神仔類型的傳說有共通之處嗎？

這不表示雙方真有某種文化傳承關係，但透過妖怪共通的元素，或許我們可以打破「國境」的想像，重新思考亞洲文化圈的複雜性；正因如此，即使是科學開明的現代，我認為《神隱》仍是值得臺灣讀者一讀的經典著作。現在，且讓我們跟隨小松和彥的足跡，一起重新思考古老傳承在這個時代的意義吧。

臺灣版作者序

小松和彥

拙著《神隱——來自異界的誘惑》，此際在臺灣迻譯，承蒙讀者諸君青睞閱覽，確實感到非常高興。

談及「神隱」，意味著有天，一如平時度過日常生活的某人，突然消失身影。往昔的民眾，若是遍尋失蹤者未果，也百思不解其失蹤理由的情況下，便會有個念頭油然而生：「難道是神隱？」換言之，「神隱」的指涉，更準確陳述，是謂「將毫無頭緒的行方不明的原因，歸結於『神』的作為，而加以處置的事件。」

日本人所想的「神」，蘊含多樣性格，可以給人帶來幸福，也可以讓人遭致災禍。「神隱」之「神」，雖兼容上述雙重角色，但大抵來說偏向負面，含附恐怖形象的神。具體而言，總被設想為「天狗」或「鬼」。要而論之，所謂「神隱」，意即「橫遭天狗、鬼之類的惡神、妖怪，挾人前往祂們的世界．異界。」

「神隱」一詞，日本人眾所皆知，並且絕大多數沉迷於該語彙的甜美聲響，筆者亦然。然而，在當今的現實生活裡頭，約莫從前世紀後半經濟高度成長期開始，已經稀罕聽聞「神隱」在周遭出現了。

儘管如此，虛構的藝文世界，仍不乏以「神隱」為主題的作品問世。比方泉鏡花的短篇《龍潭譚》、大江健三郎的長篇《同時代遊戲》，以及宮崎駿的動畫《神隱少女》，都是絕佳的顯例。另深入探究的話，家喻戶曉的民間故事〈浦島太郎〉，就算內容通篇沒有明言「神隱」關鍵字眼，卻足堪認可屬於一齣道道地地的神隱譚。對於「神隱」，自古至今，日本人依舊能夠鼓動豐盈飽滿的想像力。

然而，讓人驚訝的是，原來「神隱」究屬何種事件？何方之「神」，何時、何地攫人而去到彼處？彼處，是一個怎樣的世界？「神隱」的原初意圖又是什麼？迄今竟無嚴整通澈的考察。本書即筆者決心持念，挑戰連串疑問的嘗試。也希望讀者諸君透過本書，知曉日本文化的部分面貌，實乃吾之所幸。

目錄

推薦序　神隱之姑隱性　林美容／中央研究院民族學研究所兼任研究員　004
推薦序　為何我們還需要瞭解神隱？　瀟湘神／作家　007
自序　臺灣版作者序　小松和彥　010
前言　016
序章　不可思議的事故　022
異界的消失　024
神隱願望　026
文學作品裡的「神隱」　028
異界遊歷　033
第一章　作為事件的神隱
村落失蹤案例　038
歸來的失蹤者　040
逃家．自殺．神隱　043
瞬間發生的失蹤　044
神隱幻想　047
狐惑　050
體驗者的證言　054
「神」的選民　057
「神隱」的趨近路徑　059

第二章 神隱的規律

神隱譚的形式 064
日夕時分 069
隱蔽遊戲=躲迷藏 072
隱蔽遊戲的規律 075
神與人的交融時刻 078
鑼鼓搜尋作法 081
運用音響與異界的溝通 083
神隱事件的四種類型 087
善意社會的世界觀 088
失蹤者的異界陳述 091
天狗信仰 094
天狗與異界印象 098
人間界與異界的媒介少年 100
行蹤不明的女性 106
神隱的理想型態與斷念儀式 110

第三章 各式各樣的隱神傳說

民俗社會的異界印象 118
作為隱神的天狗形象 120
天狗信仰的歷史 123
從妖怪到怨靈 126
江戶時代的天狗隱 129
狐隱 134
幻想的人間社會 137
狐為什麼要誘拐人？ 141
鬼之形象 143
鬼與天狗 145
酒吞童子傳說 147
作為敵對世界的鬼王國 150
從山姥到裂口女 152
「脂取」與纐纈城 155

第四章 神隱及其異界訪問

作為淨土＝烏托邦的異界 162
夢與異界訪問譚 164

異界體驗談變作童話 167
異界的時間・人間界的時間 170
人與神的交換 172
「睡美人」與「浦島太郎」的時間比較 175
超時間裝置「四方四季庭園」 177
復歸社會的「龍宮童子」 181
異界形象的多義性 186

第五章 何謂神隱？

現代的失蹤事件 190
揭開「神隱」的面紗 194
擄人與大袋 197
人口販賣的網絡 200
兒肝摘取傳說「阿彌陀之胸割」 202
神隱的現實隱 204
夢牽引異界 206
神隱消逝的時代 208
社會性之死與再生的物語 210

參考文獻 217

前言

本書原完成於十年多前[1]。承蒙時任一橋大學教授阿部謹也[2]邀約，加入他所企劃的《叢書．死的文化》[3]作者群行列，提議針對關聯「死亡」的民俗範疇，自選感興趣的項目，爬梳執筆。聽聞當下，腦海立刻發想，主題擬定於「神隱」現象。

長久以來，關於被漠視、甚至忘卻的「神隱」現象，筆者始終耿耿於懷，期許自己能夠為它專著立說。上溯至二十世紀後半經濟高度成長期開始，原本琳瑯滿目的「民俗」丰采，漸次從我們周遭消逝，其中的「神隱」現象，尤其值得重行返顧。因為，起自「失蹤」、經由「社會性的死亡」、迄至「肉體的死亡」，此一圖式現今依舊存在，古老的「神隱」傳承，或能提供我們省察該圖式的珍貴線索。當時的構思，目標初訂於此。

所以，縱使資料蒐集尚未充分完備，筆者仍鼓起勇氣，勉力求為業已泯沒的「神隱」建立一座墓碑，也就是這本拙著。而書中的內容，則可比喻當作墓誌碑文。

驚奇連連。悠悠經過十年多後，萬萬沒想到，湮埋記憶晦暗底層的古老詞彙「神隱」，今天竟然還魂復甦了。眾所周知，去年夏天公映的宮崎駿動畫《神隱少女》[4]，引發風潮、效應熱絡。關鍵字眼「神隱」，雖然僅只披露於電影片名，場景畫面台詞無一提及，但綜觀故事編排，主人翁少女千尋，隨家人遷徙新興住宅區，跟父母前往廢棄的主題遊樂園（彷彿現代版「鬼屋」），受誘踏足異界，經歷輪番冒險（也是修行、修煉），最後平安返回人世，整齣物語的旨趣，正是不折不扣、相符傳統的「神隱」模式。換言之，按照傳統民俗的看法，少女千尋，毋庸置疑，的的確確遭遇「神隱」了。

往昔的日本人，深信自己所居世界的「另一側」，存在名曰「異界」的時空。並且進而確信，彼時空的「某物」（廣義的神），常會潛入吾人世界，隨機攫走我們，帶往「異界」。舉凡出現原因費解，僅能揣度是否被「某物」抓藏、不可思議的失蹤事件，人們無可奈何，只好將之標識「神隱」的印記。

現代社會，其實不乏足堪標識「神隱」印記的事件，甚至更加層出不窮。記憶猶新，二〇〇〇年曝光，新潟縣柏崎市某男性，竟私自監禁同縣三條市一名少女，時間長達九年，就屬明顯的例子。少女失蹤，遍尋不著，親友詫愕之餘，難免有人溜嘴嘀咕「神隱」兩字。二〇〇一年六月，廣島縣世羅町，女性教師一家四口連同一隻寵物犬，憑空銷聲匿跡，也是足堪標識「神隱」印記的事例。後者案發之際，媒體曾經報導，世羅町當地民眾之間，偶聞耳語流言「神隱」一詞。類似的事件，現代社會屢見不鮮，難以勝數。只不過與古人正反互異，絕大多數現代人，抗拒給予失蹤事件標識「神隱」的印記。

拙著的旨趣，根據民俗學的視角，探究「神隱」以及形同「神隱」的諸般現象，盡可能予以解析闡明。誠然，古老的「神隱」觀想，已成明日黃花了。拙著的研討功課，立意在於揭示披露，往昔藉託「神隱」現象所召喚出現的種種意義和效用，盼能提供時下世人反省現代生活的參照線索。

譯註

① 指一九九一年七月，詳見譯註3。

② 阿部謹也（一九三五年二月～二〇〇六年九月），歷史學者，專攻德意志中世史。歷任小樽商科大學教授、東京經濟大學教授、一橋大學教授及校長、國立大學協會會長等職，一九九七年獲頒紫綬褒章。

③ 阿部謹也企劃的《叢書・死の文化》，共二十冊，弘文堂發行，一九八九年一月始刊，一九九五年三月完刊。本書原題「神隠し 異界からのいざない」（神隱──來自異界的誘惑），編列該叢書第十二冊，一九九一年七月問世。本書文庫版改題「神隠しと日本人」（神隱與日本人），二〇〇二年七月角川書店發行。

④ 動畫《神隱少女》，片名日文原題「千と千尋の神隠し」（千與千尋的神隱），二〇〇一年七月日本首映，本篇前言寫於二〇〇二年六月間，時距約一年。

序章

不可思議的故事

現今我們的日常生活當中，「神隱」一詞，老早已經荒廢使用了。究竟從什麼時候開始消失？雖然有地域性的差別，無法一概而論，但大抵來說，應該是都市化急速波及地方的昭和三十年代（一九五五～一九六四）高度經濟成長期以降。

所謂「神隱」，究竟指涉為何？其實含括數種類型。例如，昭和四十年（一九六五）發表的大塚安子的小論文〈秋山紀行餘談〉，介紹過以下事例，不失為民俗社會範疇的「神隱」典型之一。

「這種事啊，讓我想想，什麼時候的事呢？」

八十歲的老嫗脫口而出。

秋山聚落一名三歲女童，不知為何行蹤不明，怎麼找都找不到。全村大騷動。分頭步行搜尋秋山林地，皆不見蹤影。

一晝夜過去了。

有人傳來驚叫。

「喔——咿，在溪谷底下！」

怎麼回事？距離聚落產業林道一百多公尺下方的中津川的溪谷，有一名小孩坐在河床岩塊上頭扭手踢足。

「呀，別動、不要動啊。」

大人們手忙腳亂，拚命花費老半天才抵達河床救女童上來。連在平地走路都不穩的小孩，究竟怎麼下去的？一晝夜不吃飯，只喝水嗎？她是自己下去的？還是被某種非人類給帶下去的？

「那是天狗[1]幹的好事……真不可思議。」

現場接受採集者大塚詢問「天狗」相關事宜時，在旁的八十歲老媼，回憶古早往事侃侃而談。內文雖沒有提及「神隱」一詞，但將該名失蹤一晝夜的三歲女童，歸咎於「天狗」的犯行，明顯可稱作民俗學上的「神隱」事件。亦即，該名小女孩被天狗暗藏了一晝夜。

然而，就算不用「神隱」一詞，但以往被喚作「神隱」的事件，仍未從我們的周遭消失。類似前例的事件，現今依舊頻繁發生。

孩子出遊許久未歸，社區志工、警察、消防隊員，分頭尋找本地鬧區、搜山、巡谷，後竟在森林深處，救出動也不動的小孩。類似的新聞報導，時有所聞。

不過，現時的失蹤者家屬或參與搜索的人員，不可能照循古人思路，天真設想：「被天狗這傢伙捉弄了」，而是按理審度，檯面上只說「因迷路情急之下，糊里糊塗亂走到被發現地點。」無論事件過程再如何「不可思議」，也未敢開口明言，只好將之拋卻於考量之外。

異界的消失

值得報紙刊載的行方不明事件，必須等到斷絕消息數天，黃金搜救期過後，生死瀕危，否則僅失蹤一晝夜，絕難登上新聞版面。其實，去百貨公司購物、到遊樂園玩耍，須臾離開父母視線，孩子便離奇不見，數小時後才被找獲的「失蹤兒」，全國各地隨時都在發生。

從媒體立場，乍看「失蹤兒」微不足道，但對於家屬卻是「大事」。親人看丟孩子，幾小時遍尋無著，擔心受怕，「會不會被拐走了？」、「會不會碰上交通意外被送到醫院？」不祥聯想揮之不去。孩童失蹤時情況如此。即使可以一個人獨自行動的國高中生或成人男女，幾天失蹤後家人猜臆「離家出走？」、「捲入鬥毆事件遭殺害？」憂心事態更加嚴重。現實社會，由於上述原因而人蹤泯沒的案例，屢見不鮮。

現代的我們，面對這些大大小小、各式各樣的失蹤事件，完全不會起動「似乎被天狗藏匿」的想法，即使懷疑「看起來很像神隱」，等到去警察局領回失蹤兒的時候，父母也絕對不會講出「孩子被天狗抓去」，這樣自認有礙情面的話。

事件發生的緣由，存在人類社會內部，其開始至結束的過程，同樣存在人類社會內部。終究來說，我們現代人，看待失蹤、行方不明的事故，已拒絕透過「神」或「某物」的介入，來加以理解。

曾經，日本人相信名之為「異界」的另一世界，從該處潛入人間界的「某物」（神），會捉拿吾人、挾持帶往異界。每當不可解的失蹤事件發生，人們便會疑惑推想：「被帶往異界了嗎？」或「遭逢神隱了嗎？」

從今人的眼光來看，失蹤事件不外乎「走失」、「誘拐」、「逃家」，所謂的「神隱」，僅是古人掩蓋失蹤事件，自圓其說的幻想面紗。

尋思至此，今天為何「神隱」一詞等同作廢，立可明白。根源就在於，我們拒絕再相信「神隱」的主使——「神」，「神」所棲息的領域——「異界」消失了。

神隱願望

神隱，意謂某天小孩突然從日常世界消逝，周遭的人們，對於被帶往共同體外部的失蹤者的「後事」，產生諸多思慮，氛圍晦暗，料想失蹤者必將遭逢悲慘的命運。而另一方面，同時懷抱欣慰，或將解脫人世間的苦難，在神的保護之下，過著快樂的生活，失蹤者前往新的世界，神之國——烏托邦去了。如此，「神隱」的詞彙，具有雙面性，不只發出陰沉悲慘的聲響，也發出柔和甜美的音籟。

讀者諸君，當聽聞「神隱」一詞，首先浮現的是雙面性中的哪一面呢？

筆者自己的感受，咀嚼「神隱」，總油然而生，蒙神耳畔私語，誘惑前往異界的綺思。我從小就對「神隱」充滿憧憬，人在孩提時期常有的「離家願望」，對我而言趨近於「神隱願望」，因為，我沒有自行踏進未知世界的勇氣，轉而寄望於「某物」，強制將我誘往彼世界。

「神隱」確實充滿恐怖的形象。儘管如此，也顯露肯定的面向。當時我的腦海裡，希望被誘往《彼得潘》的「夢幻島」、《說不完的故事》的「幻想國」，享受五花八門的試煉之旅。期待彷如《湯姆歷險記》前去日常世界另一方的未知天地，盡情冒險。「神隱」總帶給我趨向夢想的「通道」印象。

幼年時期的我，打心底羨慕遭逢神隱、前去日常世界另一方的人，因為奇幻小說、傳奇小說、冒險小說裡的主人翁，波瀾萬丈的故事，就在另一方世界，等待遭逢神隱的人前來體驗。如果能夠逐奇犯難後，平安返歸人間世界，會被當作英雄歡迎。反過來說，「逃家」也好、「神隱」也罷，如果未能真正脫離日常世界進入另一世界，就當不成英雄了。

從這個角度來說，「神隱」，是一種被誘往異界，目睹感受彼世界，並返歸人世的特殊體驗。神隱經歷者，是神所揀選的人，是神所允許參訪彼世界，回來向民眾宣示彼世界的人。據此，神隱也承擔人類社會中邊緣性的特殊任務。

筆者抱持的「神隱」印象，簡略上述。回顧反思，要約明言，我認為「神隱」裡頭，蘊含人類學所謂的「通過儀式」、「擬死再生」、「母胎回歸」、「始源回歸」的特徵。

文學作品裡的「神隱」

著眼於「神隱」體驗，運用各自擅長的形式，納入其中的文學作品相當多。處理神隱的文學作品，大致可分三類系統。首先，以神隱的詭譎失蹤解釋裝置作為主題，最終採合理思考，剖析神隱作為一種現實隱蔽裝置，顯露其內部被遮掩的人間世界現實。這種趣向的作品，推理小說居多，例如平岩弓枝的《神隱》[2]即為典型。

另一類的作品群，正面肯定神隱所想像設定之異界的存在，述說由於突發事件，踏入彼世界的主人翁，所歷不可思議的體驗，如是傾向的作品，以所謂未知世界奇幻作品居多。這類作品即使少有出現「神隱」詞彙，但如果讀者了然於心，當會將神隱一詞，投射附會主人翁在未知世界的訪遊，主題相當於「神隱」

體驗。例如，高橋克彥的《星之塔》[3]即為典型。

還有一類作品群，描繪遭逢神隱者，或類似體驗者的精神及心理狀態，石井睦美的〈小小姐，請進〉[4]即屬於這類作品。

漫畫或動漫方面，神隱的主題也頗獲重用。我雖然並非該領域的行家，起碼也曉得宮崎駿的《神隱少女》、《龍貓》充滿神隱的身影，西岸良平的《晚霞之詩》[5]描寫許多足以貼上神隱標記的閱歷，杉浦日向子的《百物語》[6]，也載有「天狗攫人」的故事。

本書，無意也無能全面性考察採用神隱主題的文學作品或漫畫，先行引例泉鏡花[7]一部和大江健三郎[8]兩部小說。

泉鏡花的「神隱」描繪方式，對比大江健三郎的「神隱」描繪方式，差異可說各處極端。

泉鏡花成長於明治時代，「神隱」頻繁發生，增添日常生活幾許不可思議的光景。多數人仍相信異界的存在，認為說不定哪天突然將人誘往異界的「某物」真實存有，泉鏡花應不例外。他在明治二十九年（一八九六）發表的《龍潭譚》，確屬「神隱」體驗——描寫撞遇神隱的兒童內心領會的傑作。雖無法判定泉鏡花幼年期是否曾經遭逢神隱，但不妨視為作者自明所知的「神隱」的相關記錄。

主人翁男童，喚作千里，忘卻姊姊叮嚀切勿獨自離開家跑去外頭，他被沿路的美麗野生杜鵑吸引，不知不覺迷路，來到鎮守神社空地，跟一群小孩玩躲迷藏。誰知，換他當鬼，要去找其他玩伴的時候，卻怎麼找都找不到。原來，天色將暗，小朋友們乾脆趁機留下當鬼的千里，各自回家了。孤零零的日落時分，出其不意，一名「膚色白皙的美麗女子」現身，引他遠離村落帶往山裡。男童發覺女人的臉龐好似母親的面容，女人給他吸吮豐滿的乳房，度過一夜。隔天早晨送他回到家門口。男童重返的日常居所，變成感覺疏遠違和的世界，他再度外出徬徨亂走，半途被叔父發現，認定魔怪附身，把他關進黑暗房間。姊姊之後偕同男童去寺廟祈禱祓除，終於讓他真正回歸人間世界。

泉鏡花託付「神隱」故事，寄以「母胎回歸」、「母性思慕」的形象。文藝評論家堀切直人解析，「那個女人，除看作三年前逝去的幼兒之母，不作另外他想。沼澤附近人煙罕至的『九谺』谷地，即是她現今的住居，必須穿過窪池，才能從籬笆間望見的深山隱蔽處所，也就是被巒峰包圍、與世隔離，向外封閉捍守、猶似母胎的安息空間，獲得刻印著母親面容的女人庇護安眠，那一夜，即為身處以異界之名的原鄉，也是亟欲再次踏訪確認的『烏有時』（uchronia）」（《迷子論》）。

大江健三郎的場合又如何？他的時代，已屬「神隱」從日常世界退場的時代。大江生長於四國愛媛縣山村，或許耳聞幾許「神隱」的故事，而與泉鏡花不同，他聽取的大都是稍早時代的陳跡了。大江多半將「神隱」作為「瀕死」體驗者的經歷，或是薩滿入巫儀式夢囈的自述，再或是直接的「神隱」調查報告，藉之漸次經營知性構造的提示。他善用想像力，來衍化「神隱」。例如《M/T與森林的不可思議物語》，他這樣說：

如今，亟思重行整頓歲月秩序之際，念及我遭逢神隱的時候，尚未達到允許聽取祖母轉述森林盆地的年紀，僅僅是個年幼的孩子。所以，應該經過相當時日之後，才得以耳聞有關村落大部分的神話和歷史。因由神隱，身處森林內裡，始終置於「壞者」[9]勢力之下的情緒。事實上，藉此構成我的神隱記憶的核心。

另外，《M/T與森林的不可思議物語》的前作藍本《同時代遊戲》，主人翁「我」，也談到童年的「神隱」體驗。

主人翁「我」，半夜裡，確認大家都靜睡沉眠，素裸全身，從母親留下的化妝箱，取出殷紅撲粉，塗抹臉部、腿部，下體以至會陰。後潛入森林之中，信步徘徊，漸次看見異象，感受「壞者」的形跡。領略最後，主人翁「我」，將難以言說的東西，擷取植入肉體及精神之內。

妹妹唷，六日的體驗以來，我的肉體與精神之中，雖然受限於外緣，但卻有層層包容、無限廣闊如小宇宙般的森林，鑽捲其內。而我，亦不休不止，逡巡環繞其中其內……那六日間逕涉的森林裡邊，確作為我所親自注視的現實。為求覆蓋零零散散解體的「壞者」的形骸，而漸趨漸步的我的眼前，分子模型玻璃般的明曳空間開朗，可以目睹被樹木藤蔓圍繞的訓犬師與狗、尻目妖。如是我見，在於接連無間斷顯現的玻璃般的明曳空間，我們土地的傳承人物應有盡有，以及未來事務關聯者，任誰是誰，皆同時共存。

大江健三郎演繹「神隱」，比起泉鏡花，呈現更加知性且洗鍊的體驗。對他而言，「神隱」既是教導「吾人土地的神話及一切歷史」的時空，亦屬「始源之時刻」、「永恆的夢之時分」。從「神隱」返復的主角，成為村落神話與歷史的傳述者，並成為未來事務的預言者。

異界遊歷

虛構的世界或現代人的生活當中，「神隱」的印象，可以憑藉自身的想像力延展，就筆者自身來說，我也是這樣能將其任意延展的人之一。但話說回來，原初民俗社會的「神隱」，究屬何種面貌？既往日本人寄託於「神隱」的印象，以及泉鏡花、大江健三郎等等的作家，與我所尋思的「神隱」，彼此重合多少程度？有時，我會邊這樣遐想，邊就民俗社會中的「神隱」加以考量。關於民俗社會的「神隱」實態，業已見諸於柳田國男[10]的著作《山之人生》[11]。作為採集的資料，我們也有松谷美代子編纂的《河童．天狗．神隱》[12]。但我認為尚未足夠，吾人對於民俗社會中的「神隱」，仍然未能通徹瞭解。

民俗社會中的「神隱」，究為何事？遭逢神隱的人去了哪裡？遇見了什麼事？到底是何方神靈把人誘往異界？

這本小著，吟味民俗社會中「神隱」的民俗傳承，並試圖闡明之前在此傳承下的日本人的世界觀。雖未敢說與「死的文化」直接關聯，但若要從廣義上考察日本人的「死的文化」，或不失為重要的素材。

假使能夠按照本書所述內容介紹，彷如我們被「神」誘惑，去體驗見識「神隱」，我們可以邂逅「隱神」、遊歷異界，甚至向彼等質問，究竟為什麼要抓藏我們呢？

設身處於「體驗」當中，才能讓民俗社會的「神隱」澄澈明朗化。

我們將藉由柳田國男為首的民俗學功績，以及松谷美代子的成果，引導漸入本書，一起前去體驗民俗社會的「神隱」世界吧。

譯註

① 棲息於深山的妖怪。紅面、高鼻、長翼，修驗道山伏裝束，手執羽毛扇、長刀或金剛杖。具神通力，妒惡佛法，飛行自在。

② 平岩弓枝（一九三二～），直木賞作家，擅長倫理小說、愛情小說、時代推理小說。《神隱》為其時代推理小說系列「御宿かわせみ」（御宿川蟬）之一。

③ 高橋克彥（一九四七～），直木賞作家，創作領域多元。奇幻短篇小說集《星之塔》，以日本東北地方為舞台，民間傳奇彩濃厚，共七篇合輯。

④ 石井睦美（一九五七～），兒童文學作家。短篇童話〈小小姐，請進〉（おじょうさん おはいんなさい），題名來自跳繩遊戲的一種唱詞。

⑤ 西岸良平（一九四七～），漫畫家。單行本作品《晚霞之詩》（夕焼けの詩）幾全來自原題名連載漫畫「三丁目の夕日」，亦曾改編成動畫。

⑥ 杉浦日向子（一九五八～二〇〇五），漫畫家、江戶風俗研究家。「百物語」，指稱一種說書形式兼試膽遊戲。點燃百盞蠟燭，講述百則鬼怪故事，一則盡、一盞熄，直至全暗，鬼怪現身。如是的百則怪談結集，即為「百物語」。

⑦ 泉鏡花（一八七三～一九三九），小說家，活躍於明治後期至昭和初期，兼擅戲曲、俳句。主要作品《高野聖》、《照葉狂言》、《婦系圖》、《歌行燈》。

⑧ 大江健三郎（一九三五～），四國愛媛縣人，小說家，一九九四年諾貝爾文學獎得主。接下引介的兩部小說，長篇小說《同時代遊戲》（同時代ゲーム），交錯神話與書信體的大作，

據聞其手寫四百字稿紙超過一千張。《M／T與森林的不可思議物語》（M/Tと森のフシギの物語）為前作的簡約版本，旨在提供青少年閱讀。

⑨ 「壞者」（壊す人），小說中歷劫萬年的「村莊＝國家＝小宇宙」創建者，不斷重複生死的神話人物。

⑩ 柳田國男（一八七五～一九六二），獲譽為日本民俗學開拓者。原為農務官僚、貴族院書記官，趁下鄉考察之便，採集岩手縣遠野地方傳說、完成《遠野物語》，遂投入民俗學領域，終成大家。

⑪ 《山之人生》（山の人生），柳田國男名作之一，採集各地山野傳奇。一九二六年間連載於《朝日畫報》，隔年結集出版。

⑫ 松谷美代子（松谷みよ子，一九二六～二〇一五），兒童文學作家、民間故事研究家。《河童．天狗．神隱》（河童・天狗・神かくし）為其鄉野傳奇的田野調查作品。

第一章

作為事件的神隱

村落失蹤案例

往昔的民俗社會（村落社會），如有人毫無理由從日常世界消失蹤影，即使僅只一個夜晚，家族不用說，對民俗社會村民而言也算是「大事件」。

假設，某民俗社會剛剛發生失蹤事件，人們獲知後推測「說不定遭逢神隱了。」但並非該事件就此作為神隱判斷處理。如果失蹤者終於現身，說明「山上工作告一段落返家途中，因天色已晚，雖怕家人擔心，但又想迷路就糟糕了，因此野宿一夜，待天亮再下山。」「什麼，原來這樣啊。」村人知道神隱事件的推測錯誤，平安落幕。

萬一，從山裡歸來現身的失蹤者，自陳「山上遇見怪物，被耍得團團轉，胡亂走繞，突然間怪物不見了，周遭霎時輪廓清楚，原來天已亮，發現自己就在半山腰處。」村人聽了，「看吧，果然遭遇神隱了。」這才判斷確立。

在神隱傳承盛行的村落，人們向來存有神隱發生的預期心理，因而失蹤事件一旦發生，立刻興起「是否遭逢神隱」的念頭，再根據事件本身內容作為神隱的判斷依據並加以處理，或作為非神隱事件處理。換言之，判斷為神隱的失蹤事件選項，與判斷為非神隱的選項，同時並存。

我們想要質問的是，當判定為神隱的場合，據以憑藉的內容為何？判定為神隱的事件，有數種類別，先介紹其中幾例典型。

下例的神隱事件，發生在長野縣下伊那郡上村，刊於昭和五十二年（一九七七）出版的《遠山谷民俗》。

上村與木澤部落之間，夾一名為中根的部落。某時候，中根有個小男孩不知跑去哪裡，消失蹤影，鄉親大夥擔心不已，遍尋部落各處。然而，兩天過去，三天過去，一星期過去了，仍找不著。無可如何，小男孩從此沒再出現，村人於是盛傳，應該是被天狗帶走了。

從此以後，村人常常告誡小孩，若是做壞事，就會被天狗抓走。這已經是約莫四十年前的事了。

該神隱事件實際發生的年代，推算應是昭和十二年間。察其特徵，失蹤者從此消逝於村落。當然，神隱的判斷確認者，是男孩的家人及村民。如果發生在今天，出於誘拐或逃家的原因，首先會被考量。但在往昔，神隱，亦即蒙受誘惑前往異界，才是他們的思慮。無疑的，失蹤者的親屬，不免有段悲傷感嘆的歲月。

不過，神隱一詞，固然回響著「死亡」的跫音，亦儼然同時寄託失蹤者仍猶生還異界的朦朧期待。想著明日、一年，甚至幾十年後，某時某刻終會返家也說不定。因此，遭逢神隱的家庭，多半不忍為失蹤者舉行正規的喪禮，漫漫等待伊人歸來，逐漸在悲傷與痛苦的交雜中，放下而忘卻。

實際上，也不乏經過數年，失蹤者突然現身的案例。

歸來的失蹤者

柳田國男的《遠野物語》[1]，收載如下案例。

黃昏，凡女子、小孩外出，容易招惹神隱，情況全國各地皆然。遠野上閉伊郡松崎村的僻鄉寒戶，某民家年輕女兒脫置草鞋於梨樹下，從此行方不明。悠然三十年過去，有天，親友聚會於失蹤者家裡，忽有一名枯槁癯瘦的媼婦現身，端詳竟是三十年前的離家少女。眾人詢問為什麼現在回來呢？她說因為亟想見家人一面，並且馬上必須離開，隨即消失影跡。那天，狂風吹襲不止。因此遠野地區的鄉親，往後每逢狂風吹襲的日子，便以為又是寒戶老婆婆歸返的時候了。

年輕女孩遭逢神隱，音訊全無，三十年過後突然回家，但親人的反應並不熱情。他們早已忘卻女孩，而且經三十年歲月推移，家裡也沒有她的位置。她已不是遠野的居民，而是成為異界的住民了。

《遠野物語》採集資料的提供者為出身遠野的民俗學家佐佐木喜善。同樣出身遠野的當地文史工作者菊池照雄，在《漫談山鄉遠野》一書指明，該則傳說的原型，登載於佐佐木喜善所著的《東奧異聞》。佐佐木的原文如下：

岩手縣上閉伊郡松崎村有處叫登戶的地方，屋主為名叫「茂助」的人家。在很久以前，屋主的年輕女兒，把草鞋置放後院梨樹下，行方不明。幾十年過去，某個風雨交加的日子，女兒變成一名模樣奇特的老嫗，回來團聚。老嫗形貌一如傳說中的山婆婆，皮膚長著黃苔，指甲長二、三吋，留宿一夜而去。從此每年同樣時節會回來探訪一次，而且探訪前後必定暴風雨吹襲，全村飽受災害。村長於是代表村民，跟茂助家鄭重交涉，要求共同想方設法，阻止老嫗回來。茂助家無可奈何，只好同意請託巫女和山伏[2]，於同郡青笹村與松崎村交界處建立石塔，施咒封閉阻絕。從此老嫗就沒有再出現了。

柳田的記述裡頭，講說「寒戶」嫗婦僅回來過一次；而佐佐木的記述，講述有段期間內「登戶」老嫗每年回來，而且家人似乎也樂意接納。

但是，其他村民的心態迥異，視老嫗為帶來風雨的禍首，亟欲除之而後快。村民把曾是同鄉的老嫗，認作山婆婆，試圖運用咒術予以驅逐，永不許進村。從村民的觀點來看，老嫗顯然已不屬於人類世界了。而真實情況也可能果然如此。也或許目睹家人跟同鄉村民的態度舉動，老嫗死心，徹底打消回來的念頭。不管怎樣，村人眼見為憑，老嫗已然變貌，成為了非我族類的山姥。

柳田與佐佐木雙方都沒有觸及，但筆者卻抱持困惑的疑點，即是數十年後現身的寒戶（登戶）老嫗，真的就是數十年前失蹤的茂助家女兒嗎？經過數十寒暑，失蹤者不僅社會位置橫遭剝奪，其存在的正身也難以驗明。所謂的寒戶婆婆，或只是個頂替寒戶婆婆的冒牌貨罷了。

逃家・自殺・神隱

遭逢神隱，意謂失蹤者落腳異界，滯留彼處，成為異界的住民。隨著失蹤時間延長，失蹤者逐漸孳生附膻異界特有的「某物」的屬性。寒戶婆婆的情況，親人村民的動機思慮，亦緣由於此。

寒戶婆婆年輕時消失村落之際，村人判斷遭逢神隱。但柳田和佐佐木都沒提到，村人的想像裡頭，當初抓藏寒戶婆婆的究屬何方之神？關於這點，經過數十年後，寒戶婆婆也絕口不提。菊池照雄解釋：「草鞋整齊擺放梨樹下，表明決心離家。齊擺草鞋匿跡而去的舉動，是種取代遺書，向家人告別的傳統信號。」倘若這種說法成立，所謂神隱的表現，不過是坐實逃家的隱喻而已。

今日，意圖自殺者，從高層公寓頂樓、懸崖或河岸投身的時候，大多會將鞋子置放整齊，應是往昔逃家示意的舊習，也或是前往異界遊歷的記號餘緒。以前的日本人，目睹尋短見者的草履，即使當下心知肚明，也不會直接明說，而是用「神隱」的委婉提示，以曖昧的方式，默認心照不宣。

既暗知自願棄世，外人就不會去思索，拐藏主使究是何方之神。既曉得失蹤緣由，就不會將之歸諸「神祕」，亦即「神」的介入。

的確，世間不乏實為假託的神隱事件。但遠野山谷的案例，在在顯示，家人和村民面對的，確屬毫無頭緒的失蹤事件，全村人咸認為「並非失蹤者自願離開，而是被『某某』帶往不明地方去了。」所謂的「某某」，多半判定屬「神」。如是的情況，方才為名實相符的「神隱」。神祕

瞬間發生的失蹤

前述幾個事例，有的是失蹤後終究沒有回來的神隱，或者是數十年後突然現身的神隱。另方面，還有相對處於極端，僅只轉眼之間，才幾小時、一晝夜、幾天、若干星期的短期間神隱。大多數的神隱事例，概屬此類。

以下參照高知縣出身的民間故事研究者市原麟一郎，在其著書《伊野春野傳說散步》中，記載高知縣吾川郡伊野町的神隱傳說。

中隔仁淀川，楠瀨對岸的大花地方，昭和十五、六年之際（一九四〇、四一），

有個名喚久子、約三歲的小女孩，某日正在睡覺，祖母不過到戶外整理魚貨，旋即返屋，孫女竟不見了，直到半夜都搜尋不著。翌日中午時分，在距家約兩百多公尺人跡罕至的森林裡，發現遍體鱗傷死去的女孩。該處為成人也難以攀爬的高崖，按理小孩更無可能抵達。村人報告是森林天狗作祟，警察一聽破口大罵，但村人仍然相信必是天狗作孽。

三歲女孩突然失蹤，翌日中午「發現竟然已成死屍」，由於陳屍處位於成人也難以攀爬的高山之中，所以村人認為，事由緣於被「天狗」攫去並殺害。小孩究竟招誰惹誰？人既死矣，問也枉然。發現地點屬於俗信的天狗棲息場所，加上小孩根本無法登臨的險境，所以鐵定是被天狗帶走。村民起心動念，循線導至天狗施作神隱的解釋。

接續，介紹長野縣民俗專家淺川欽一所著的《信濃．川上物語》，記述長野縣南佐久郡川上村發生的神隱事件，情節稍許雷同。

這是距今（一九七八）約四十年前的事了，川端下一名小孩，放學後到天黑仍沒回家，引發大騷動。村民到處搜找詢問，有人說看過這孩子，「經過梓山的時候，好像看到一個小孩往更裡邊走去。」云云。「或許就在那裡面。」趕去裡面的沼澤地一看，小孩擱下書包，鞋子靠攏書包擺齊，身上覆蓋自己的短上衣，正躺臥在濕地草岸睡覺。小孩迷蹤闖進來的沼澤地，名叫千駄木，梓山至此要走約四公里。想不通究竟是誰搞出這亂子，天狗作祟？被狐[3]迷惑？於今仍覺不可思議。

這件神隱，同樣失蹤短短幾小時就被發現，但與高知縣的案例不同，差別在於「平安尋獲」。然而，「想不通究竟是誰搞出這亂子」，如果問小孩「為什麼會去沼澤呢？」回答恐怕也不得要領。迷路？故意賭氣不回家？小孩體力不及的條件下，天狗挾藏？遭狐迷惑？村人難以遽下判斷，只得含含糊糊，不可思議地揣度，應該是遭逢神隱了。

沉迷遊戲，不知不覺天晚，錯過回家時間，古今小孩皆然。前述長野縣的例子，想必小孩因為某種理由，不想回家，山裡漫無目的亂走，悠悠忽忽，晃入沼澤區，體力不支昏睡過去，事後害怕挨罵而不敢明講。

類似的事件，經常被人稱為神隱。值得注意的是，高知的案例、長野的案例，「神隱」一事皆非出自小孩之口，而是旁人深感小孩失蹤誠屬不可思議，而加以判斷「一定遭逢神隱」。亦即，神隱與否，委由旁人決定。在此，我們也有必要推想情況，或許，被雜遝混亂的成人包圍，孩子縱使內心嘀咕「根本不是什麼神隱，想說順便跑去玩一下，不料天黑，玩太累睡著啦。」卻沒敢講出來。於是眾口一致，將事件的源頭指向神隱。

神隱幻想

神隱與否的判斷，處於微妙的位置。參看民俗學家早川孝太郎介紹一則趣味盎然的事例。

昭和五年（一九三〇年）春天，愛知縣北設樂郡御殿村（現東榮町）小學，發生各一名六年級與五年級生，某日放學返家途中的失蹤事件。前往調查的早川，在〈神隱類例五則〉報告如下。

兩名少年從學校返家途中，結伴跑去附近山裡採撿枯草，沿途某處草叢跳出一隻栗鼠，兩人聯手將之殺死，將栗鼠屍骸留置現場，然後回家，並告訴家人事情經過。隔天星期六，中午提早放學，吃完飯，約二時許，跟昨天一樣，兩人又跑去採撿枯草。該山距離不遠，按說兩個小時內就應該回來，但下午五、六點了，仍未歸返。憂心的家人，央託鄰居找尋，但任誰都找不到。又再次分頭搜尋山頂到山下常去玩耍的地方，也毫無蹤影。這時候，某一搜山隊伍回報，山中某一矖草場，發現兩人的束草背板。正當這時，當天下午曾經前往另一座山的樵夫傳來新消息，說到近黃昏時，不經意望向不遠處的對面山坡，有兩名少年邊喊叫邊在草叢橫衝直撞，應該就是失蹤的小學生。看樣子，都傍晚了，還在那裡玩耍。根據前後消息判斷，他們應仍未走遠。趕緊又在該處的樹蔭草叢仔細搜尋看看，直到晚間十點左右，附近的廢棄燒窯土堆裡，有人察覺其中掩蓋的枯草似乎不對勁，不可思議撥開一看，竟發現兩名少年，若無其事般相擁睡著了。

讀到這裡或有人認為，兩名少年幾小時的失蹤，只不過是玩癱，鑽進乾草堆睡著，無端生事，平常心看待就好了。

但還有下文。兩人回家經家人一再詢問，回答內容籠籠統統，綜合兩人斷片的記憶組合起來，仍可以拼湊大抵的經過如下。

前一天，就在之前弄死栗鼠的同地點，兩人又發現一隻栗鼠，再緊接去追，周圍草叢突然有許多栗鼠現身，忽在這忽在那，鑽來竄去，兩人團團轉亂追，不亦樂乎。天色漸晚，還不罷休，終於筋疲力盡，意識不清、方位不明，倒地便睡了。兩人甚至渾然不覺自己爬進燒窯廢墟，竟還會上下鋪蓋枯草哩。

記錄者早川孝太郎，將這種喪失記憶的奇遇，嘆為「言之不可思議愈加不可思議。」雖也幽微暗示「神」介入的可能性，但進入廢棄燒窯坑，鋪蓋乾草，想來也算符合「孩子氣的行為」。對於「神」是否介入，多少採取存疑的態度。如果少年清楚述及與「神」接觸的體驗，早川孝太郎應即明記該失蹤事件確為神隱事件。記錄者縱使嘆之為不可思議，但並無發現任何「神」介入的跡象，僅能總結判斷：採撿枯草的少年，因捉弄栗鼠，玩累後拿枯草鋪蓋當作床被睡著了。

可是，儘管只是這種程度的事件，村民的判斷卻是「狐」引起神隱，被狐迷惑了，而謠傳開來。關於這點，早川推測，「該處傳聞有管狐[4]出沒迷惑人。因此人們把栗鼠與管狐搞混了。」於是以訛傳訛，搖身變成狐引起的神隱事件。

某種意義上，每當失蹤事件發生，人們便會預期神隱的出現。因而關於該事件，即使只有微不足道「不可思議」的小細節，也會小事化大，膨脹為神隱幻想。高知的案例地點，傳言天狗棲息，於是便被想像成天狗作祟。前述愛知縣的案例，失蹤者被發現於傳言管狐出沒迷惑人的地點，所以想像狐精作祟。失蹤事件，往往依循人們的世界觀，亦即異界觀，而引導至相符解釋的傾向。

狐惑

神隱發生的主使者為「神」，因施作神隱而被喚作「隱神」的「神」，其本尊指涉「天狗」的例子屢見不鮮，理由之後再探討。而與天狗相較，狐也不乏多讓，且都以「迷惑」的形式出現，所以屢被排除於神隱之外。詳加檢視的話，前述愛知縣例子也可視為「狐作非為」，歸屬於神隱事件，作為值得深入考察的事例。

以下介紹，傳言狐引起神隱事件的失蹤案例，引自青森縣下北郡脇野澤村的調查採集《脇野澤村史·民俗篇》。故事中，遭逢神隱的小孩，其父之前用槍獵狐致使受傷，不久該事件隨之發生，以下稍加省略轉述。

居住瀧山的五歲和七歲小孩，給駐守水車小屋的老人提送中午便當，半途遇見可愛的兔子，便出手去抓，兔子蹦蹦跳，兩名小孩越去抓越被帶遠，進入深山裡。右鄰的小澤村晚間也響起警鐘，通知瀧山有小孩走失，會不會跑到小澤這邊來呢？眾人搜找之餘，懷疑是否被狐迷惑。夜晚，總合招募人數，每家出一人，半夜一點才在村役所集合完畢。由於太晚了，隔天清早出動，前往水車小屋，小孩足跡沿著溪岸，但在草叢中消失。找尋直到傍晚，一無所獲。大規模搜索暫時中止，僅相關的親友繼續；仍未見蹤影，只剩至親接力。小澤當地有小孩的親戚，店名為酒屋的那家的人也加入自願行列，仍毫無頭緒。大家都擔心會不會遇害身亡？還是被什麼怪物抓去吃掉了？

名叫伊代的對島本家媳婦，為了上田作水，前去口廣澤支流、太郎兵衛澤的水圳。這年日照較多，自家的田與他家的田比鄰，媳婦到水源頭用石頭引流，分入兩田。正當她工作的時候，察覺有喊喊喳喳的聲音，媳婦大驚，往聲音的響源去看，只見兩名失蹤小孩當中，年紀較大的孩子站在那裡，瘦臉披散頭髮。婦人問他是否就是被狐精迷惑的小孩？小孩回答「是呀。」「大家整夜擔心死了，發動全村人去找都找不到。我恐怕也背不動你，你先站這裡別動。」心想，口廣澤岸邊，打漁郎休息室那裡應該有人。「我趕緊去叫幾個年輕人過來，背你去小澤，你在這裡不要亂跑。」說畢，婦人跑去漁夫休息室，叫喊：「被狐迷惑的小孩就在那邊，快過去，快。」吆喝近十名村人分頭進行，有人去小澤通知、有人去瀧山，趕往失蹤兒發現處過來。接著，背負小孩前往距離較近的小澤，帶往酒屋休息。瀧山、脇野澤有人趕來，好奇的小澤村民更聚集一大堆。警察詢問，這一兩天你們小孩都吃些什麼？小孩答「吃了很多麥饅頭。」醫生灌氣檢查腹腔之前，先用細管伸入食道，接著清腸，軟化排出許多兔子糞般的顆粒便便。警察問另一個五歲的小孩在哪裡？小孩回說，夾在岩石之間，不會動了。警察再問知道地點嗎？男孩點頭。親友家人陸續抵達，圍著哭成一團。

休養兩三天，吃藥喝粥，身子好轉些，消防員背著他去找另名小孩，幾個男性親戚還有醫生隨行，來到口廣澤更深入一處叫權左衛門的沼池，果然發現了年紀較小的孩子。根據年紀較大的小孩說，要度過溪谷之際，五歲小孩墜落，瞬間動也不動。村人交頭接耳，私下言及，「狐目睹慘狀，於心不忍，就把較大的孩子給送回來了。」五歲小孩夾在岩石之間死去，屍身業已腐爛，經過清洗一番，不再去小澤，直接運回瀧山家裡。

引用頗長，用意是希望能讓讀者，比之前較簡略的事例，更加詳細體會所謂神隱事件的現場氛圍。

當事者小孩，儘管身歷其境，也無法明白陳述失蹤期間的體驗。關於失蹤中發生的事，案例內容並無詳載，小孩只說食物是用丼飯的碗公盛著，並聽見搜索隊的敲鑼音響，但沒法開口出聲。才僅五歲至多七歲的小孩，加上在深山幽谷瞎走折騰，失蹤期間的記憶朦朧，摸不著頭緒，理所當然也理所必然。

相對的，村民在發生失蹤事件之初，就已猜測小孩「被狐迷惑了、被狐藏匿了」，之所以產生如是的預設心理，全因先前不久，失蹤小孩家人曾經狩獵傷狐，聽聞該人家發生小孩失蹤，因而立刻聯想到狐精「報復」。根據記錄，村中也曾經央託巫女祈告御白樣[5]，但開示結果是否遭狐抓走，傳言不一，未敢斷言。

無論如何，村民既已先入為主，認定失蹤事件是狐作祟，因而對島本家的媳婦才會在發現較年長孩子的時候，劈頭便問：「你就是被狐迷惑的小孩嗎？」此舉在在顯示，村民依循「狐憑信仰」，不自禁據此延伸對於事件的解釋。

相對的，狐憑信仰，應在小孩的理解範疇之外，但面對婦人的質問，回答「是的」，又顯然把兔糞當作麥饅頭吃了，等等言行，的確表露出被狐迷惑的徵兆。卻不能率爾以為，面對認定狐精作祟的村人質問，小孩附和故作配合。而應該是，不論大人質問什麼，小孩不自覺就同意什麼，僅此罷了。在整個失蹤事件的運作過程之中，儘管狐沒有現身登場，但並不妨礙村人將該事件牢牢標識「狐之神隱」的印記。

體驗者的證言

行文至此，讀者或許認為，神隱事例繁多，筆者卻意圖單只從中挑選介紹，失蹤者自身置於神隱信仰範疇之外，亦即周遭人將失蹤任意認定遭逢神隱、僅藉片面之詞解釋的事例。

前述諸事例當中，始終銷聲匿跡，以及死亡才被發現的失蹤者自不用提，即使存活的失蹤者，失蹤期間究竟經歷何種體驗，也幾乎全無詳實的陳述。

然而，當我們再細緻察看更廣泛範圍的神隱事件，就會明瞭，也有的神隱事件，失蹤者在失蹤期間究竟體驗如何，被發現後具體告知他人的案例，為數不少。當然，如果體驗成分不見「神」或「神祕」的介入，且具自圓其說的合理內容，例如坦言迷途野宿、逃家又後悔返回等等的失蹤事件，那就以非屬神隱事件處理。反之，如果體驗談裡頭，含有「神」或「神祕」介入的話，呼應周遭人們的神隱信仰，這就十足把握是神隱事件了。

歷劫歸來的失蹤者，自述的體驗談，誠屬不可思議，足讓他人產生共鳴——「果然遭逢了神隱」。顯即表明，失蹤者亦共有民俗社會的世界觀、架撐神隱的異界觀．神靈觀。依存於多數村民自身的神隱幻想、民俗社會的世界觀，同時也憑附於失蹤者自身。

話雖如此，就該型態的個別事例來看，神隱幻想的依存方式，分歧多元。預先留意此一傾向，接續引介幾則同型態的神隱事例。

昭和五十九年（一九八四）刊行，神山弘、新景良輔合著的《增補物語奧武藏》，收載明治時代（一八六七～一九一二）發生的如下神隱事件故事。

素以日向和田山近鄉的富士山[6]知名的小瀨名部落，有個年輕人，某天突然不見了。部落總動員，鐘鼓齊鳴，搜遍附近山野，怎麼都找不著。半月過去，該名青年竟然現身回來，衣服破爛，失魂落魄。問他究竟發生什麼事？答說晚間跟著天狗山中亂走，白天樹上睡覺。天狗會供食草木果實。經過大抵如此。

比起未諳世事小孩失蹤後歸來的場合，已具備民俗社會基本常識的成人在失蹤後歸來的場合，雙方各自失蹤期間的記憶和內容，差異甚大，應然也是必然。

前例的失蹤者為年輕人，返回陳述，「晚間跟著天狗山中亂走，白天樹上睡覺。天狗會供食草木果實。」明確表示自己遭逢神隱，原先村民對於失蹤者「到底遭逢神隱呢？還是離家出走？」猶豫不定，但經青年現身說法，也就毫無懸念確信失蹤者遭逢了「神隱」＝「『天狗』隱」。

這則事例記載年輕人的神隱體驗，相當平淡乏味。假使該年輕人至今仍然活著，追根究柢查詢，應該可以獲知更加周詳的內容。

「神」的選民

遭逢神隱者，到底有什麼樣的異界體驗？對此疑點，若要能夠獲得相當程度的回答，且看早川孝太郎的報告，採集自愛知縣北設樂郡本鄉町（現東榮町）中在家地區佐佐木藤五郎的紀聞（〈神隱類例五則〉）。

約在五十年前（一八八〇）的晚春時節，同地區名喚小作的十五、六歲青年，天生資質癡鈍。

小作某日離家許久，渺無行蹤。隔天清晨，他竟自行推開鄰村西貝津家的門戶，道聲「oagarikahe」，突然就這樣現身了。屋裡人應聲出來瞧看，只見呆若木雞的小作。「oagarikahe」是當地早上的問候方言。

根據小作敘述，記得剛開始晃蕩來到本村一處叫「konuta」的山裡，松樹下站定兩名男子，向他招手，示意過來、過來，隨即聽從去了。接著翻山越嶺，先抵達御殿村月的御殿山遊玩，又登頂振草村平山的明神山戲耍。再途經粟代街道，通過同道橋附近。兩名帶領小作的男子，一名是藥師佛，戴笠披簑；另一名鼻子高凸的是名喚「阿吉」的天狗。天狗懷裡攢藏一條繩子，取出往前投扔，立即變出一條路或一座橋，所以險峻的山谷也能輕鬆步行。小作肚子餓了，就路旁採草莓果腹。

翻山越嶺之後，藥師佛和天狗要送他回來，恰恰來到位於中在家鄰村、三橋藥師堂之上的山背，這時候小作被告知，之後的路你自己走吧。道別兩男子之際，下起小雨，回頭看見披簑的藥師佛走在前頭，往上穿雨而去。小作獨行，沒多久，逕自走進西貝津家來了。

並且，聽見小作道「oagarikahe」之時，西貝津家人還乍聞「颯──」，聲似鷹隼振翅。人云或是，暗地引渡小作至西貝津家之際，神明倏然望空衝飛的羽音。

青年小作「天生癡鈍」，但我們不應因此否定其神隱體驗，視為幻想。反而應該肯定，比起普通村民，該青年用更稠密的形式，領受民俗社會的世界觀。青年的體驗，絕然不是與民俗社會世界觀脫節的支離破碎內容，一段一段的插曲情節，完全契合村民而被頷首接納。某種意義上，青年真確屬於自異界回歸，向世人宣示體驗的不二人物。他自己本身，即是「神」的選民。

論及神隱信仰的衰退，今日人們對於原由不詳的失蹤事件，拒絕再賦予神隱的印記，愈加現實地，轉向人類社會內部尋求因果關聯的標籤。故而上述的神隱體驗談，已被當作難以置信的囈語，今人顧之，終究付諸一笑。

「神隱」的趨近路徑

從至今介紹的事例，得以釐清神隱確實具有種種形式。神隱事件既已擺列眼前，接續本書要據以下列的視點，試圖開展其趨近的路徑。

首先應理解，凡被看作「神隱」事件者，斷然即為「神隱」。這是筆者撰寫本書的基本態度。即使立足今人的觀點來看，上述事件的失蹤原因，不過是走失、自殺或被擄拐，但古人如果認定「遭逢了神隱」，我們即應設身處地揣摩。的確，吾人會想要確知披掛神隱面紗後面的失蹤事件的原形，即使是我，也會嘗試去予以推測。

然而，最重要的作業，並非將「神隱事件」變換為「非神隱事件」。失蹤事件發生之際，古時的人們，自會藉使「神隱」面紗，遮覆事件。該起過程自身，才是我們考察的主要對象。易言之，我們的課題，意欲予以闡明的並非神隱的「正身」，而是神隱的「內容」。

神隱，意謂何事？答案簡明，即「神」隱蔽人。準此，我們要追問的是，隱蔽人的神，到底是何方神聖？被隱蔽的人去到哪裡？又經歷什麼樣的體驗？

之前提過，筆者對於「神隱」一詞，特別寄以懷想。幼年時思慕能夠遭遇神隱，但始終無緣際會。心中縈繞神隱，再去推敲實際發生的神隱，真如筆者心中所牽念的模樣嗎？從先前的事例來看，情狀情理差距甚大。日本的神隱，其獨特的內涵真相，究屬何物？實有必要發掘究明。

承起如是的問題意識，啟發並引導本書的籌劃，茲扼要略述其中的預設構圖。

首先的課題，取人隱去的神，亦即隱神，考察其究屬何方「神聖」？所謂神隱，絕大多數是隱人之神所引起的事件。「隱」字，含有強制性的意味。事出意外，某人突然被神帶往異界，而與某人自身的意志無關。

另方面，神隱一詞，就像筆者期望接受善良神靈招待遊樂烏托邦，帶含如是甘美的意味。村言村語之謂「遭逢神隱」，既包攝被恐怖之神強制帶走、失蹤者歷經悲慘體驗的思慮，同時也植入得以接受善神邀訪烏托邦的想法。如果真有這樣的烏托邦，究是怎樣的世界呢？這是筆者念茲在茲的第二個課題。

邪惡之神強行帶去異界的可怕命運，以及善神招待「其後」的可喜機運——約略省視該兩種側面之後，再將目光轉向民俗社會中的神隱，叩問異界與隱神，究竟繼承了傳統的哪些部分？實際操作下來，民俗社會中神隱的身姿容態，自會顯像清晰明朗。

譯註

① 見前章譯註⑩。

② 山伏，兼行神佛兩道的修驗道修驗者。持珠拄杖繫螺，潛行山野，藉以獲致超自然能力、咒力，密教傾向濃厚。「山」字，收攏報身、法身、應身，三身即一。又稱山臥。

③ 狐，中文多俗稱「狐狸」，但在日文，狐是狐、狸歸狸（貉）。雖然亦有「狸隱」的說法（本書僅出現兩處），但數量、程度遠不及「狐隱」。為避免誤解，譯文仍照原文披露。

④ 管狐，想像中的妖怪。貓臉、獺形、鼠色，身軀甚小，能伏藏於竹筒之中。

⑤ 御白樣，日本東北地方民俗信仰偶像，約三〇公分桑木，上端刻畫男女顏面或馬臉，以之為蠶神、農神、馬神。異稱甚多。

⑥ 非指跨越山梨縣、靜岡縣的活火山富士山。日本各地方亦名富士山的「鄉土富士」，包括別稱，數量超過三六〇座。此處指位於埼玉縣日高市北平澤的同名之山，標高僅二二一公尺。

第二章

神隱的規律

神隱譚的形式

承蒙民俗學者及相關領域先進的努力，呈現遍布全國各地的繁富神隱事件的傳承，我們透過第一章目睹諸多事例，可以清楚被認定為神隱的事件，整體的大致輪廓。

在本章，意圖更進一步考察，透視諸多神隱事件的傳承，著眼於浮現檯面的神隱事件的形式或模式，擬設神隱事件自身，如何理想性地開展，趨近於某種完美的模型。

試舉一例，《山之人生》裡頭，柳田國男從小說家德田秋聲那裡聽來的神隱譚，該則軼聞由八個句型構成。

1 石川縣金澤市淺野町，明治十年間（一八七七）發生的事情。

2 德田秋聲的鄰居，二十多歲青年，木屐脫棄於德田家窗外邊的高大柿子樹下，行方不明。

3 遍尋不著，無意間聽見德田家天花板發出重物掉落的聲響。

4 德田君兄長爬上去查看，見失蹤青年橫臥，便將他背負下樓。

5 青年口銜樹葉，嘴角瘀青。

6 待青年大致恢復意識，詢問經過，青年答稱一魁梧老漢帶他出遊吃美食，不去還不行，說著說著又嚷嚷要出門。

7 平素表現稍微遲鈍的青年。

8 之後的情形無人知曉。

該則神隱譚有八個句型組合，從其文脈分節之中，散布著軼聞之所以能夠構成神隱譚的關鍵要素，將之抽取出來加以比較，我們即可獲得神隱譚的地域分布、神隱事件發生時代、遭逢神隱的男女性別、性格特徵，以及遭逢神隱的當下狀況等等詳盡的知識。秉持如是的觀點，分析前例的神隱譚，結果如下：

A 石川縣金澤市淺野町。

B 明治十年間（一八七七）發生的事情。

C 德田秋聲的鄰居，約二十歲的青年。

D 德田家窗外邊的高大柿子樹下。

E木屐脫棄，行方不明。
F遍尋不著。
G無意間聽見天花板發出重物掉落聲響。
H德田君兄長爬上去查看，見失蹤青年橫臥，便將他背負下樓。
I青年口銜樹葉，嘴角瘀青。
J待青年大致恢復意識詢問經過。
K魁梧老漢帶他出遊吃美食，不去還不行。
L說著說著又嚷嚷要出門。
M平素表現稍微遲鈍的青年。
N之後的情形無人知曉。

分析後的結果，構成要素的組成如下：

A神隱發生的地點名稱。B神隱發生的年代（時代）。C失蹤者何人。D失蹤當下的場所與時間。E失蹤之際的狀況。F搜索情形、經過及方式。G失蹤者被發現或自行現身之際的前後狀況。H失蹤者的發現地點。I失蹤者現身時的模樣。J對失蹤者的詢問。K失蹤者的神隱體驗談。L重接I，失蹤者被發現之後的模樣、舉止。M失蹤者平素的性格、智能。N失蹤者事件後的去向。

由A至N的構成要素，全數來自德田秋聲轉述軼聞的分析所得。倘使再舉其他事例分析，對照後當會發現，其他事例與上述構成要素有其吻合的部分，也有其缺漏的部分。

例如，前章介紹早川孝太郎記述的愛知縣北設樂郡本鄉町事例，試作分析：

A 愛知縣北設樂郡本鄉町中在家地區。

B 約五十年前（一八八〇）的晚春時節。

C 同地區名喚小作的十五、六歲青年。

D 離家行方不明。

E（事後判明，在該村「konuta」山裡某松樹下失去行蹤。）

F（無記述。）

G（小作道「oagarikahe」之時，西貝津家人還乍聞「颯——」，聲似鷹隼振翅。）

H 隔天清晨，青年現身鄰村的西貝津家門口，道聲「早安」。
I 西貝津家人應聲出來瞧看，只見呆若木雞的小作。
J 小作自述。
K 晃蕩來到本村一處叫「konuta」的山裡，松樹下站定兩名男子，聽從招手繞行御殿山、明神山，之後在鄰村的藥師堂上方分手。兩名男子是藥師佛與天狗。
L （無記述。）
M 青年「天生癡鈍」。
N （無記述。）

一定數量的神隱譚，經由這樣分析產生的資料，透過電腦統計處理，即知哪些要素在神隱譚反覆出現？哪些地域偏信何種隱神？等等結果，運用數量化的形式予以把握，再將出現頻率較高的諸種要素集合起來，就能夠獲得神隱譚的典型。換句話說，憑藉統計處理重行構成，我們可以得到理想型的神隱譚。

雖然筆者至今尚未嘗試類似的統計處理，但綜觀數量繁多的神隱譚，如試以統計處理，據信確會顯示較高頻率、引人矚目的若干要素。

柳田國男留意到，眾多神隱譚裡頭，確有反覆出現的要素存在，並將其視為神隱的「規律」或「法則」。他寫道：「對於吾人的平凡生活來說，神隱屬於異常且難以預料的事故，但卻無礙意外頻仍發生，非但各個案例陳篇雷同，更似乎存有非人為故意造作的一貫性法則。」（《山之人生》）

雖然不是根據數量化的結果，但受柳田的啟發，筆者亦試探自認頻率較高的構成要素，加以摘取，據而能夠設定照見理想的神隱譚。

以下即是我們所擇取，欲予察色吟味的較高頻率要素：神隱發生的時間與地點（D）、失蹤之際的狀況（E）、搜索情形和方式（F）、失蹤者被發現時的模樣（G）、失蹤者的神隱體驗談（K）或者自述中登場的隱神（K）、容易招徠隱神的人物（M）。

日夕時分

首先，探看神隱容易發生的時刻。神隱被認為出於傍晚較多，因而理想形式的神隱事件之中，神隱好發於日夕時分。

試舉長野縣南部遠山谷的顯例。「孩童被擄拐的現象，常見於黃昏時候。上村中根一名四十五歲（一九五八年當時）左右的男子，講述他在少年時代，受託前往偏遠的鄰家照顧幼兒。傍晚，他交付幼兒後返家途中走失。村人紛傳他被天狗抓去了。遍尋無著落。三天後，少年被發現竟躺臥家裡，只說三天來盡在山野亂逛。中根及上村下栗一帶，小孩嚴受告誡傍晚禁玩躲迷藏，免得惹禍上身。」（《遠山谷民俗》）

山梨縣富士吉田市也有同樣的觀念，「晚間，不管幾點、有伴無伴，如果看見小孩還在外頭玩，就要勸說『會被隱神抓去喔，趕快回家、回家。』邪惡神怪之類的，最愛在這時機出現。」（《古原民俗》）

著眼及此，柳田國男在《山之人生》又提到：

即使在東京這樣的繁華地區，只要夜幕低垂，就要停玩躲迷藏。父母多會告誡小孩，晚間玩捉迷藏就會被鬼或隱婆婆帶走。夏天黃昏行腳鄉村，常聽見婦女呼兒喚女的高尖嗓音，除叫他們回來吃晚飯外，還有另一深層的畏懼。去小學試著詢問學童立刻就懂，薄暮停留外頭或者玩捉迷藏為什麼不好，小孩都知道理由。福知山附近也傳言，天色陰暗下來，如果玩躲迷藏，就會被隱神抓走。也有不少地方說掠劫小孩的是狸或狐，也有說是隱婆婆。

黃昏時分好發失蹤事件，實屬合理。即使大白天裡孩子已經在外面橫遭誘拐，不知情的家人，總殷盼日落前會玩累了回家，所以等到驚覺孩子失蹤時，常是理應安抵家門的黃昏時分。傍晚天色昏暗、景物輪廓模糊，方向路況不明，教人容易迷路。及至現今，待發覺幼童失蹤事件（走失或誘拐）之時，也以黃昏居多。

時代稍早的人們，極少做這樣的合理思考。正如日文的「彼は誰時」，「誰そ彼時」，字面原意為「錯身而過的人是誰」，轉衍用於指涉黃昏，難以辨識街道往來行人的夕暮時分。並且當時的人們還認為，這時候，在外活動的人返家，而白天潛眠異界的妖怪及其「同類」，卻活躍現身於黑幕降臨的夜色。趁著日沉夕黯，正屬「隱神」擄人前往異界的絕佳時機。

插句閒聊。《山之人生》發表於大正時代（一九一二～一九二六）末期，根據柳田的觀察，距今（一九九一）七十多年前的東京，人們仍舊認真看待神隱，普遍視傍晚貪玩躲迷藏為禁忌。當下現代人聞此俗信，恐多嗤之以鼻，不啻夢話。

或許讀者抱持疑問，神隱也有好發的季節嗎？柳田國男表示，「孩童行方未明，不可思議地，似乎季節常定。在吾人的幽微記憶中，有發生於秋末到冬初的事……但多數地方舊曆四月，忙著準備養蠶上簇、蕎麥收割，農夫埋首工作的時節，最為危險。簡而言之，名之為高麥時節。」春季麥穗高長，物陰增多，故據推測，春天為神隱好發的季節。

之前的舉例裡頭，吻合上述說法，是為早川孝太郎的田野報告，本鄉町青年被藥師佛與天狗聯手隱蔽的季節，正屬「晚春」。但據筆者所知，季節各式各樣，並未如柳田所言有常定的季節。因此，就季節而言，並不存在「法則」（規律）。姑且有的話，也是頻率極低、鬆散的「法則」。

隱蔽遊戲＝躲迷藏1

神隱好發於太陽西下時。觀察日暮時分發生的神隱事件，當會意識到，之所以招致神隱，似有種「約定成俗的規律」，而透過「日暮時分玩不得躲迷藏」此一禁忌之存在來顯示。該禁忌倒過來說，黃昏，一玩隱蔽遊戲，必定惹犯神隱。

為何落日時分玩隱蔽遊戲，容易惹犯神隱？稍微了解一下，隱蔽遊戲究竟是什麼樣的遊戲。

所謂的隱蔽遊戲＝躲迷藏，大致玩法如下。集合若干名玩伴，依據猜拳選出一人當鬼，鬼閉住眼睛不久問「好了嗎？」扮演躲藏的玩伴回答「還沒！」大伙連忙找尋鬼轉身不會立即發現的地點躲藏。等玩伴都藏妥，不知情的鬼又問「好了嗎？」自會有人回答「好了。」鬼就張開眼睛，隨處搜找、隨機發現藏匿者。

關於隱蔽遊戲的本質，政治思想史學者藤田省三，在其名著《精神史的考察》，提出興味盎然的見解。

躲迷藏的扮鬼者，不過幾十計數的短暫閉目後，正尋思找出隱蔽玩伴，剎那亮睛回頭一看，周遭景物突變為開闊廣漠的空白，這樣的經驗任誰都難以忘懷。雖然依照遊戲約定，明明知悉夥伴僅去躲藏，但舉目空無一人的空白擴散當中，心緒定格於孤伶伶自己一人忽被拋下的轉瞬之間。即使周遭仍有走動的成人，卻猶似當下世界之外的存在，如同路旁的石塊或樹枝般，並非社會之生人活體。映入眼簾的盡是社會已然消失的純粹延展。並且，從闔眼須臾的黑暗，疾轉至明亮的世界，深邃的空白之感，一陣緊一陣強地撲襲而來。

藤田思緒馳騁於躲迷藏當鬼者瞬間的心象風景，並直指遊戲的核心，「『走失的徬徨經驗』，獨自被隔離的孤單經驗，被從社會放逐的流刑經驗，一人踽踽獨行的徬徨經驗，超越人居社會之境，迷途於無所節制擴張的荒涼之『森』與『海』、無目的、無方向、無以自主的旅次經驗。」簡易言之，躲迷藏的當鬼者，一瞬之間的心理體驗，就彷彿遭逢神隱者的經驗。

甚至，這樣的經驗，非僅當鬼者，扮演隱匿角色的玩伴亦不例外。

「失蹤兒」、「踽踽獨行」或「自社會放逐的流刑」等等經驗，實際上不僅萌生於躲迷藏扮鬼之際，隱匿方遵守遊戲規則努力巧妙躲藏的結果，因過度成功，經常未能被尋獲。這時候，獨自一人被留下來的焦慮感逐漸發酵，遂冉冉產生遊戲了無盡期、再無機會回到同儕圈的恐懼，難以忍受、百無聊賴……躲迷藏中的「隱身」演技，既屬被社會排除密封的「籠罩」經驗的輕微型態，亦牽涉至「幽閉」、「沉眠」，甚且與社會性的形體之「死亡」相關。要而言之，暫時地象徵潛入了非自願從社會隔離的狀態。

隱蔽遊戲的規律

藤田發掘隱蔽遊戲內裡，推敲出恍似從社會散逸、隔離，或仿擬失蹤、孤獨、流刑的心象風景。感其所言，回憶我們的孩提時期，玩耍隱蔽遊戲，確實曾經有過相彷的心境體驗。

然而，我們耽玩隱蔽遊戲，非僅沉迷於那般的體驗。毋寧是，我們之所以投入隱蔽遊戲，非僅體驗脫離社會的象徵狀態，反倒也置身於無法脫離的遊戲規律之中，享受隱蔽遊戲帶來的玩樂快感。關於這點，美學家西村清和在《遊戲的現象學》中的說法，相當具有說服力。

捉迷藏扮鬼者，追抓逃避的小孩，或找出匿身母親角色背後的孩子，糾纏著鬼與孩子，原初的不安、宿命性的牽繫，亙古的集體記憶，依附於追與被追，以及藏與找的天真無邪遊戲裡，確有某種情調的影跡落實其中。玩伴置身於遊戲境遇，鬼，已非教人害怕的異形。鬼與子，像似分坐一具蹺蹺板的二端，相顧而笑、齊心協調、共享往還運動的兩個人，在同一的遊戲關係中彼此保持平衡連動的兩造主體。也好像雲霄飛車，既然乘坐於凌空的天秤，所謂的鬼，再也不是語言嚴密定義的惡鬼，而是帶來驚悚的鬼。欲想完全逃離可怕的鬼，並非捉迷藏的遊戲行為的本質；挑撥邊閃躲、被追逐反再追逐，宛若懸空的刺激才是其本質所在。依從猜拳、數數或唱詞[2]，鬼與子的角色設定，並非宣告命運、簽選贖罪羔羊的駭人儀式，而是設定捉迷藏此一形同蹺蹺板遊戲的天秤結構的手續。鬼抓住、觸摸被捉方，鬼與子據此角色交換的程序，也並非經由接觸而汙穢轉嫁的感染咒術，而是天秤往向一方傾斜，再次反向另一方傾斜，蹺蹺板連動持續反覆結構的裝置、懸空支點的建置。

躲迷藏，比擬捉迷藏遊戲，玩家置身藏匿與找尋的遊戲規則框架之中，躲藏者享受不久後被發現的短期間「懸空」狀態，而當鬼者，亦享受發現躲藏者之前的「懸空」狀態，分工飾演「看見—被看見」的蹺蹺板。躲藏者一方，體驗到隔離社會的心象風景，而遠遠躲藏至鬼無法發現的地點；或同理，扮鬼的一方，中途任性放棄找尋的話，這場遊戲也無法成立。

西村指出，「在這場遊戲之中，與所謂的迷失或孤單或流刑等等經驗，根本絕緣。必須強調，鬼與子的視線，宛如兩隻嬉鬧的幼犬，各自看見也同時被看見，彼吠此叫應答，若即若離，往而復還運動，相互纏繞。」遊戲的本質，赫然在此。

針對「遊戲」的本質而言，私以為西村的說法較為正確。不過，其說法進一步延伸，遊戲的本質，竟與置入遊戲的內容物無關，任何事體皆宜。例如論及以「東海道五十三次」景緻作為題材的雙六遊戲[3]，西村表示，從內容物「東海道五十三次」景緻之中，找不出雙六遊戲的本質，依循骰子點數跳格前進帶來的快樂，才是雙六遊戲的本質。被置入的內容物，東海道五十三次桌遊也好，上班族升官桌遊也罷，都無損無於雙六遊戲的本質。。

藤田目光轉向遊戲的題材，他認為，好比東海道五十三次雙六遊戲，是對於現實社會的「東海道五十三次」的某種「摹寫」，隱蔽遊戲也是現實社會的某種「摹寫」。運用充滿暗示的語言，藤田接著說：

作為遊戲的「躲迷藏」，屬於熟悉的「童話」戲劇性的改編，也是以肢體語言、集體方式重述改編的「童話寓言」，亦是用遊戲形式演繹的「童話」的實踐版……「躲迷藏」模型化了一連串深刻的經驗，不是從現實的真實世界經驗抄錄得來，並非「實物」也非「原物」，而是取自「童話」固有的某種構圖，被言說、被昇華的經驗摹寫。

如是的詮釋，確實極為重要。將其考量放大納入雙六桌遊，這樣看來，東海道五十三次雙六，就不是真實世界的五十三次旅行體驗的「摹寫」了，而是玩家業已聞知的故事（例如十返舍一九的通俗小說《東海道中膝栗毛》[4]）的「摹寫」，至其明顯。筆者以為，西村說和藤田說，都屬足堪參照的見解。

神與人的交融時刻

之前花費相當長的篇幅，檢視何謂躲（捉）迷藏遊戲。假設，若企圖在上述遊戲論中，追問一則「童話」：「為什麼黃昏玩藏匿遊戲，常易遭逢神隱？」能否獲得答案？

想要立即地獲得正解，恐難如願。但或可從中尋思求解的線索。

藤田省三宣稱，躲迷藏實為運用身體改編「童話」某種構圖的遊戲。可是此處的「童話」——「為什麼黃昏玩躲迷藏，常易遭逢神隱？」既然亦屬於將「現實的真實世界經驗」予以誇張變形的「摹寫」之物，那麼，到底摹寫了什麼？究實，其摹寫的是，「現實世界的神隱，鬼之出沒、接連將人帶往異界的物語。而鬼之出沒的時刻，即在黃昏時分。」

黃昏玩躲迷藏，是種模仿咒術的行為。之所以禁止，是因為沉溺於躲藏的孩子，反會被鬼怪之類的隱神發現，趁暮色幽暗，攫走潛伏隱身於遊戲之中的孩子。在黃昏時分登場，隱蔽遊戲就變成不是遊戲，立將蛻變為現實世界的經驗。原本如同神隱賽局的躲迷藏，弄假成真為神隱事件，孩子因而被帶往了異界。

躲迷藏，是種蘊含悲哀的、寂寞的，以及原始恐懼的咒術遊戲。雖然是賽局，但為求贏勝，必須嘗試任誰都找不著自己身影的孤寂況味。「好了嗎？」、「還沒。」——隨著應答聲音逐漸微弱，終於，藏匿者和找尋者都變成孤單一人。夥伴彼此間的溫暖、愉悦消失，周遭沒半個人影，感覺自然景物也不懷好意，孩子

從而意識到遊戲之中的虛浮空間。躲迷藏，同時是前往他界，亦即冥界的迷路踏查遊戲。（奧野健男《關於文學的原風景》）

落日時分，遊玩藏躲遊戲。扮鬼的孩子問聲：「好了沒？」，傳來答聲：「還沒。」待終於傳來「好了——」回聲，鬼接著便隨處去找躲藏的小孩，但有時總會有某個小孩怎樣都找不到。陷入焦慮的孩子們，包括鬼以及被找獲者，齊聲叫喚孤單剩下的小孩，但始終無聲無息。那名小孩，或許逾越遊戲的約定範圍，跑去更遠處徹底匿跡，又或許乾脆回家去了。夜幕低垂，所有的一切都被黑暗包覆而朦朧不明。

泉鏡花小說《龍潭譚》的主人翁男童，在稻荷神社境內玩躲迷藏，隱身陰暗處，始終未被發現。當鬼者以及同夥玩伴，遍尋不著他之後，索性都回家了，獨留他身處黝黑的夜色裡。就在這當下，一名女性身形的「隱神」出現。日暮時分，正屬神與人、遊戲與現實的交融時刻。

黃昏容易招惹神隱，黃昏玩捉迷藏遊戲，更加容易招惹神隱。

完美模型的神隱譚，總以「太陽下山，玩躲迷藏的時候，遭逢神隱」的形式流傳。

存有「玩躲迷藏遭逢神隱」的觀念，同時也不要忘記，遭逢神隱的場所，包括寺社境內、路旁或交叉路口，晚間戶外廁所、入山撿柴採果途中、放學路上等等變形地點。更須留意的是，發生神隱的場所，也常是天狗、狐之類作惡人類的神怪，頻繁出沒的地方。

鑼鼓搜索作法

接續，觀察失蹤事件的搜索方式，亦有其「規律」。行方不明的小孩，人們若判斷遭逢神隱，不只家人，連村民也一齊出動，搜尋村落、附近山谷原野。這時候，多數地區都有邊敲鑼打鼓邊搜尋的「規律」。

為何要敲鑼打鼓？當然，在沒有擴音器的時代，作為人工音響的鑼鼓，遠傳宏大，期待吸引迷路者或遭逢神隱者注意，往發聲的方向過來。

例如，高知縣吾川鄉池川町用居部落，一名叫春代的小女孩，疑似遭逢神隱，「部落村民日夜敲鑼打鼓，接連搜找六天，毫無所獲。第七天，春代母親無

意間打開壁櫥，赫然發現小女孩就跪在舊衣堆裡，遍體鱗傷，身上的衣服破破爛爛。」（桂井和雄《佛蜻蜓去來》）

柳田國男也注意到這項規律，他如下表示：

即使沒有採用神隱一詞的地方，當以為小孩被狐拐走，或遭天狗擄走的時候，搜索方法亦無甚差異。即使單單只是「失蹤兒」的場合，也會運用敲鑼打鼓的方式，鳴奏 konkonchikichi、konchikichi 調子，跟戲曲《釣狐》裡頭沒有兩樣。敲打的器物除某些加添之外，各府縣基本上的風習大致相同。

鑼鼓是基本配備，某些地方則會添加其它器物，舉例北大和低地部的風俗，失蹤者的血親，一手拿米斗，一手敲打斗底。紀州田邊地方，敲鑼打鼓的同時，用梳齒刮米斗底部，發出刺耳聲音。另外也有的地方拿木片敲擊鐵盆、碗杯。

柳田國男在《山之人生》，談及神隱發生時的搜索方法，還提到：「意料之外，某些農村地方的習俗，有著禁止敲打飯桶、米斗之類的忌諱，區域相當廣闊。禁忌理由不一，有的認為敲打食器會引來窮鬼；有的則認為狐擅長聽音辨位。類似禁忌常見於俗信御先狐[5]的關東地方。推敲起來，往昔敲打食器作為給予食物的信號，轉而變成招惹小神小怪降臨的舉動。一方面告誡切勿弄假成真，一方面唯恐喚醒拐騙兒童的隱神。」他還說，「無論如何，失蹤搜索的鑼鼓信號，目的並非只讓小孩聽到，單從搜索者『還我小孩、讓他回家』的唸詞，亦不難推想得知。」

換言之，關於神隱的鑼鼓使用的意義，柳田認為，應該從廣泛在民俗社會裡的利用方式去理解，指出「就其本源，並非用來搜索，而是奪還。」

運用音響與異界的溝通

英國社會人類學家尼德姆（Rodney Needham），研究薩滿宗教慣用的打擊樂器，得出結論：樂器，特別是鑼鼓之類的打擊樂器，行使人間界與神界．異界之間的溝通，象徵雙方世界的往來。日本多數的傳統打擊樂器，一如尼德姆所言，亦屬溝通、過渡異界的工具。

打擊樂器與神界．異界，甚至宗教的密切關係，之前業經以民俗學家為主的多位研究者闡明。而在一九九〇年，日本史學家笹本正治，廣泛蒐羅中世、近世史料及民俗資料，開展日本文化當中，關於聲響工具的整理和考究（《中世之音・近世之音》）。

笹本縝密觀察，掛懸神社的大鈴鐸、佛寺的鱷口、時宗僧侶的鉢盂，或者巫覡徒眾常用的鉦鑼、太鼓、梓弓，認為無論是從異界招徠善靈、驅逐邪靈，或者祈神的信號、神啟的信號，均導出結論：「往昔日本人意識到，這些器物所產生的聲響，足以聯繫此世（吾人居住的世界）與彼界（神佛居住的世界，不同於人世的世界，異界．他界），視之為擁有特殊靈力的道具。」

藉由笹本的結論，再從中檢視，我們極想知道的是，關於神隱的鑼鼓作用問題，「固不待言，鑼鼓音響宏大，目的在於讓搜尋的對象知道，我們正在找他，而自發朝我們這邊走來，即使對方難以動彈，也可給他鼓勵打氣。據此理解，鑼鼓音響的重點，置於吾人同類之間的聯繫機能。大批人手搜尋遭遇神隱者，鑼鼓喧天代表的「大騷動」，正足以顯示人們極度重視。」笹本說，並詳加解釋：

然而，所謂神隱，原本意指人被異界的神或妖怪擄拐前往異界。對先民來說，剛剛還在一起的人突然消失，行方不明，並非出於失蹤者自由意志的行為，認定神怪作祟。行使神隱的主動方，應屬天狗或鬼等等，非我此世族類。遭逢神隱者的去向，必是神怪所居的世界。根據柳田國男監修的《民俗學辭典》解說，神隱的受害者，多自述前往深山幽谷。對日本人而言，正屬於他界的一種典型場所。

為搜尋遭遇神隱的人，此世界必須聯繫彼世界，鑼鼓即作為其間的通訊工具。如前所述，長時間的鑼鼓齊鳴，擁有此世聯繫彼世的功能。利用該類音響，可以傳達給身陷他界的神隱受害者，憑藉此世聯繫彼界的音響效力，或可能將失蹤者牽引返回此世。搜尋遭逢神隱的人，之所以使用鑼鼓，正因為鑼鼓具備連結異界與此世的效力，此外別無他法。

可惜，笹本的結論，雖然爬梳導出鑼鼓的普遍性深遠意義，卻略顯單純。關於鑼鼓的機能，他與柳田之說一致認為，都是利用其音響來與異界溝通。

但是，笹本把音響視為「給予身處異界的遭逢神隱者的信號呼叫」。相對的，柳田方面卻視作「召喚施作神隱的隱神」，要把失蹤者從隱神手中奪還。雙方見解差異顯著。

究屬哪一方正確？難以判斷，或許因地制宜分別說明，比較周延。試舉富山縣魚津市為例，「敲擊太鼓，得以暫時忘卻暗夜淒厲氛圍，兼加壯膽。敲擊米斗底部，預想藉此破壞天狗耳膜，被捕獲的小孩便會從樹上解放下來。」（黑田夢禪〈天狗故事三則〉）估從此說，太鼓的音響，便是攻伐棲息異界天狗的武器。

敲打鑼鼓，發出激亢的音響，好比驅趕山野動物那般，利用鑼鼓音響追逐隱神，甚至讓其痛苦，可見使用者事先已經設想，鑼鼓音響具有如是的咒力。

再看看高知縣土佐郡土佐町的場合。搜索遭逢神隱者的行動，規模漸次加劇，吹法螺、擊鉦鐃、擂太鼓，及至耗盡所能，仍一無所獲的話，搜索行動便戛然而止。如是的結局，不免讓人察覺，既有宣示搜索行動告終，兼含暗示為失蹤者送終的雙重象徵意味。

鑼鼓之於神隱的作用，增添參與搜索者的威勢或搜索者相互溝通、給予遭逢神隱者的信號、搜索隊伍踏尋異界的象徵迴路、對隱神的召喚或攻擊、最終回搜索的宣示等等，我們應當因地制宜，個別賦予說明，將各種可能性充分考慮，方為允當。而不管如何，鑼鼓的操作，確屬神隱的重要「規律」，無可動搖。

準此，理想型態的神隱譚，使用鑼鼓搜尋，是一種普遍的偏好趨向。

神隱事件的四種類型

至此，業已稍許窺探神隱事件的基本型態或其模式，接著再進一步考察。

藉由之前的審視，經村人判定神隱的事件，根據結局的差異，可以明白得知神隱事件的四種類型。

其一，失蹤者平安無事被發現，稱之為「神隱A型」。更進一步，現身的失蹤者能夠記得失蹤期間的體驗，或懵然不知，兩者區別起見，姑且前者規定為「神隱A_1型」，後者規定為「神隱A_2型」。

再一種類型，行方不明之後，始終未被找到，稱作「神隱B型」。

另一種，發現失蹤者遺體的類型，名之「神隱C型」。

B型神隱事件的場合，利用鑼鼓持續搜索未果後，行動停止，留下失蹤者或會自行歸來的期待，事件告一段落，村民回復正常生活。

C型的場合，失蹤直至遺體被發現的數天期間，各地依照狀況搜索，規模大小不等，可一旦發現遺體，認領、喪葬後事件落幕。

B型與C型兩種神隱事件，如同前述諸多例子披露，推斷神隱發生的認定者，皆為當事人以外的村民，事實上，失蹤者究竟發生何種遭遇，全然不解。也正由於不解，所以貼上「神隱」的標記，作為處理。

反觀「神隱A型」的場合，失蹤者歸來，透過詢問過程，取得可供判斷的材料，諸如：遭誘往異界了嗎？見過隱神了嗎？或只是山中迷路隨處亂走？訊息全由歸來的失蹤者口述提供。

我們細心留意，當可從歸來者的言行舉止，獲悉神隱「規律」的內涵。

善意社會的世界觀

首先，觀察被發現的失蹤者。

柳田國男介紹，德田秋聲的鄰居，二十歲左右青年，墜落德田家天花板。類似的情況也見諸其它神隱事件採集。同為柳田國男《山之人生》裡頭的案例，居住愛知縣北設樂郡段嶺村「一名十多歲少年，在明治四十年舊曆九月三十日，亦即送神日[6]的傍晚，家人製炊糯米白餅，忙得不可開交。剛剛才看他在土間[7]磨蹭，怎一下子就不見了。開始還不以為意，祭神事畢，仍未見他的蹤影，裡裡外外遍尋不著，連附近鄰居都驚動了。親友百般折騰無果，返家進屋，主房間的天花板竟咚一聲傳來物體掉落的巨響，家人大驚，趕緊架梯登爬瞧瞧，少年竟沒事般躺臥那裡哩。」

另二則例子，德島縣小松島市櫛淵町，大正年間發生的神隱事件。T家次男約十四、五歲，遭遇神隱後第四天，才在家門前柿樹上被發現。靜岡縣田方郡韮山町寺廟高岩院住持，提及他當小和尚時體驗的神隱，最終被發現處是自己橫臥在寺廟釋迦堂的屋頂（《河童．天狗．神隱》）。

前述失蹤者被發現的地點，有相當的一致性。隱神具備飛翔能力，失蹤者之所以淩空移動、翱翔天際，引進隱神世界、遨遊山嶺峰岳，都跟這項能力有密切關聯。易言之，就發現的地點來看，這些失蹤者的體驗談中，即使沒有確切提及天狗的存在，但透過彼此心照不宣，委婉暗示隱神應該就是天狗，或具備同等能力的其他「神怪」。

某種程度上，被發現的地點，亦儼然形似神隱的「約定成俗」。松樹之類的樹下，由於樹木本來就屬神怪經常憑依之物，所以也有指涉拐人而去的隱神，應該就是天狗之類的暗示效果。

然而，發現失蹤者的地點，還有其他場所，家門前、屋宇、山麓等等，各式各樣的場所，最顯眼之處，無非是屋頂、閣樓、樹下等地方。而強烈傾向以天狗作為隱神的地域，則以屋頂閣樓、樹上樹下，作為神隱的最佳布局圖式。

神隱的布局圖式，也顯現在失蹤者被發現時的模樣。例如，埼玉縣入間郡發生的神隱事件，失蹤者「突然一身破爛、失魂落魄般回來。」群馬縣甘樂郡甘樂町於明治時代發生的神隱事件，失蹤的小孩「半個月過後，突然衣服稍顯破舊，呆呆站立村莊叉路口。」

目睹襤褸現身的失蹤者，村人自然體悟失蹤者歷經山林野地逡巡，也能進一步推知，拐走失蹤者的必定是潛住山裡的天狗之屬。並往往可以從失蹤者的口述聞見擄人前往異界之地的隱神面貌。

話說回來，拋卻往昔神隱幻想（信仰）的我們，對於種種失蹤時的狀況、失蹤者發現地點、發現時的模樣，斷定緣於無法正確分辨事物的小孩、弱智青年，或突發性的精神錯亂者，徘徊山中、藏身屋頂樹上，短時間難以被找獲罷了。就像搜山尋獲突然離家行方不明的失智老人，並沒有兩樣。失蹤者自以為或被以為遭逢神隱，後才從屋頂、樹上掉落下來，其實僅是爬上爬下失足罷了。失蹤者自謂遊歷異界，只不過是身處夢幻狀態的錯覺。

事情或許如此。重要的是，昔日抱持神隱幻想（信仰）的人們，對於前述情事，借用神隱幻想的世界觀，加以解釋。比較起來，現代人對於前述情事，歸因「患病」，而欲將之排除、隔離，強烈傾向進行社會性處理，兩者截然不同。神隱幻想（信仰）其實具有溫柔良善的內涵，是一種引導失蹤者回歸社會的接納方法。

當理想型態的神隱事件在人們內心動念起意的時候，考慮施作的隱神究竟是什麼樣的神，狀況就會產生差異。如果設想棲息山界或天界的天狗作為隱神，失蹤者毫髮無傷被發現的場所，就會偏向屋頂或樹上，並且衣著破破爛爛的襤褸模樣，也比較相符天狗。既然聯想成遭天狗帶去，那麼，空中飛翔、遊歷山巒的呈現方式，貼切天狗的屬性。實際上，一個人自山裡遊蕩數日歸來的話，衣著破爛模樣甚具說服力。

失蹤者的異界陳述

至今為止的考察，率皆單從村人立場來理解的神隱事件，亦即這一方＝人間世界的體驗、觀測得知的神隱事件。民俗社會（村落社會）一旦出現行方不明者，家人、村人懷疑遭受神隱，開始搜索，隨之失蹤者變成遺體，或平安被發現，事件隨即落幕。也可能百般搜索後仍舊不知所蹤，只得罷手，不了了之。

村人們，邊搜索邊擔心失蹤者到底跑去哪裡？同時也揣想，失蹤者有何經歷？他在另一個世界究竟發生了什麼事？

欲解惑，詢問失蹤者至為首要。然而，神隱事件A、B、C三種類型之中，只有A型的失蹤者僥倖返回。B型和C型失蹤者，縱使也想問問他們，究竟人在何處？做什麼事？但他們已經無形無跡。死去了嗎？身故的話，魂魄在哪裡也無法確認。所以我們只能傾聽A型神隱體驗者的證詞。

遭遇神隱者的體驗談——本來是引人入勝的話題，但遺憾的是，遭遇神隱者的體驗談，內容卻總貧乏，隻字片語，無法滿足我們的求知欲。究其原因在於，遭遇神隱者，大多是年幼的孩童或是弱智的青年。

先行確認上述緣由，再來聽聽他們的異界自述。

遭遇神隱的當下。究竟發生什麼狀況？

情形有多種事例。一種是被發現回過神來，竟連遭遇神隱與否都不記得的失蹤者。該種場合，本人毫無所悉遭遇神隱的異常狀況。松谷美代子編著的《河童．天狗．神隱》所介紹，群馬縣利根郡水上町湯原於明治三十九年（一九〇六）八月發生的神隱事件，即屬一例。

湯原住民須藤長松，人在家中睡，突然間消失，親友連找五天都不見蹤影，只好放棄。隔日鄰居早起打水，無意間往須藤家屋頂一瞧，卻看見長松好端端站立最高處，趕緊架起梯子好讓他下來。問他本人，答：「只記得在餐廳睡覺，之後起來在家裡跟倉庫之間走動，除外什麼事都不清楚了。」人們據此判斷，他鐵定是被天狗抓去。

另一種迥然有別，仍還記得自己意識喪失前的異常狀況。同樣隱神雖無登場，而是失蹤者自述突遭怪風吹襲，瞬間喪失意識，身處陌生之地徘徊被發現。東京都八王子市採集的事例：「踏上斜坡的時候，突然颼——前方吹來一陣旋風，沙灰滲進眼睛，只知道有去揉眼睛，接下來就不記得了。」云云（《河童．天狗．神隱》）。

怪風運載邪惡，人就這樣被抓走了。

再一種模式，隱神現聲又現身，攫人帶往異界。埼玉縣「名栗森河原地方，村人淺見常次郎，返回住家青場戶，夜路途經豆口嶺，撞見一高壯和尚，要淺見靠近過去，不知不覺就跟他走了……」似乎是禿頭怪「大入道」。又一則，「早晨戶外洗臉，一陣風起，有聲音叫我閉上眼睛，就這樣給天狗帶走了。」明白指稱天狗出現（《河童．天狗．神隱》）。

究竟，需要怎樣程度的事件頻率，方可成立某種的傾向，一時無法把握。但從上述諸例觀察，略可窺知，神隱發生之際常是颳強風的日子，或突起旋風。似乎隱神之出現，也有御風而行的「規律」。

稍作整理，我們得以構思一則完整的神隱譚：風強之日、傍晚時分，玩起捉迷藏，玩伴之一就會被帶往未知的某處而行方不明。

天狗信仰

就這樣，失蹤者，被帶往異界去了。

我們日本人，從古代直至現代，悠長的時間裡面，創造出天上界、山中界、水中界（含海中界，多合稱水中界）、地下界等各式各樣的異界觀＝他界觀。

一般人們抱持的異界觀＝他界觀，與神隱體驗者自身反映的異界觀，究有怎樣的錯綜交纏？且來聽取多名遭遇神隱者的證言。

1 夜晚被天狗帶走，繞行山裡，白天睡樹上，天狗摘來草木果實讓我填飽肚子。（埼玉縣入間郡）

2 夜晚野宿山中，天色微亮之際，一隻小鳥形狀的禽類出現，叫我過去，就跟牠走了，來到鄰村山裡。只曉得小鳥的尾部有著大屁股，也不知牠是什麼鳥。被發現當日白天，天狗現身，警告我待在這裡很危險、快回村子。把我抓起來扔擲出去，飛行不久，就掉落在被你們發現的地方了。（福島縣南會津郡）

3 突然被天狗帶走，在大城市東逛西逛，走遍各個著名的景點。（群馬縣甘樂郡甘樂町）

4 走夜路來到豆口嶺上，抬頭看見一名大塊頭和尚，叫我過去，站立於岩石上，命令我飛往對面山頭⋯⋯死命飛呀飛地，說也奇怪，竟身輕如鳥般飄浮起來。跟大塊頭和尚玩遍各山頭，發覺天亮時全身疲累，瞬間又回到豆

口嶺來了。（埼玉縣入間郡）

5 「小和尚，眼睛閉上！」小和尚聽了嚇一大跳，立刻閉上眼睛。緊接著咻——咻——地頂著強風直跑。「眼睛張開！」聞言睜眼一看，來到廣闊草原。暗處傳來「小和尚當我徒弟……」的聲音。小和尚趕緊一再求饒：「不行呀，快一點帶我回寺裡去。」（靜岡縣田坊郡韮山町）

6 出外洗臉，一陣風起，有聲音命令我閉上眼睛，就這樣被天狗帶走，到很多美麗的地方吃飯。今天早上，天狗表示暫時讓我回家，以後再帶我去玩。（和歌山縣日高郡南部町）

7 「我去到櫃山的時候，撞見一名山伏巨漢，說要帶我去好多地方玩，就跟著他亂走了。」（岡山縣真庭郡美甘村）

8 在外頭遊蕩，正想說怎會有啪颯——啪颯——聲響大作，我的身軀已經飛浮空中了，越山渡海，甚至有時浪花還會打上我的腳。要前往東京遊玩喔。（香川縣高松市）

9 片刻後，有聲音叫清七趴在其背上，閉上眼睛照做，立即噗——地飛起來了，低頭看，城下町市區有火災延燒、越過海洋，「太重了，放我下來吧。」說完卻被鎮守神嚴厲斥喝拒絕。嘶——嘶——飛抵藏駒山，天狗群聚正盛開酒宴。清七被帶領至正堂面稟大天狗，「什麼！清七養育小孩，正屬最辛苦的時候，早點讓他回去。」大天狗說。於是又再搭上天狗背脊飛了出去，降落在長澤向山山頂。（高知縣高岡郡土佐町長澤）

10 冬天半夜，有人敲打家屋前院木扉，某氏起身前去應門，一名山伏模樣的老叟要求跟隨他去，順而從之外出，行走河面如履平地。忽而來至距離田邊一里許的稻成村蟇岩之上，一同玩耍。又忽而，某氏被帶領回家了。（和歌山縣牟婁郡）

上列的事例，全取材自《河童．天狗．神隱》蒐羅的神隱事件採集報告，一目了然，內容相近相似。事例縱再引介，照舊千遍一律。

綜觀這些事例，我們可以領會出，理論上，民俗社會的人所信仰的諸神、妖怪之屬，其中任一種神怪，皆能施行神隱作法。

但仔細端詳上述事例，可以發現，施法的幾乎全都是「天狗」。事例4大塊頭和尚、事例5沒有現身而在暗處發聲「小和尚當我徒弟……」的詭問者，從語言脈絡推想，皆具飛行移動的能力，所以足可認定施法的本尊應為「天狗」之類的隱神。甚且，事例7與事例10，「山伏模樣」的異人，也是天狗的山伏變裝。理由在於，山伏張揚天狗信仰，而民間觀念也常將山伏視同天狗，因而該二例本尊幾可確定實為天狗。總結而論，上述所有事例的隱神，答案幾乎全都指向天狗。

換言之，民俗社會絕大多數的人們，抱持「天狗就是把人帶往異界的隱神」的共同觀念，天狗信仰深深浸透民俗社會。天狗信仰之於民俗社會，因結合神隱信仰而更加深入人心。

推衍結論，神隱的「神」即是天狗，「神隱」就是「天狗隱」。此一「法則」（規律），在民俗社會裡牢不可破。

另章再作檢討，「天狗」之外，還有其他攫人隱去的「神」。之前提過，「鬼」、「狐」經常作祟，「隱婆婆」（山姥之屬）、「河童」、「山神」也會擄人前往異界，但隱神之中，「天狗」所佔事例比率之高，穩居首位。

天狗與異界印象

接續，我們要表明的特徵，是遭遇神隱者被帶往的去處——「異界」的印象。

此中也有極為清楚的「法則」（規律）存在，以類型化的印象為人所認識。異界的印象，固然會因隱神是否為天狗而多少顯現差異，但天狗作為隱神的時候，異界印象的描繪，即受天狗屬性左右，其事至明。

天狗的棲息地，往往被認為是在遠壑幽谷。尤其山岳修行者[8]潛住的靈峰，與天狗的棲息所在重疊。又及，天狗生有翅膀，可以如鳥飛翔，外型紅臉高鼻，穿著類似山伏的僧衣，手執團扇，趿高木屐，以樹葉和果實作為食物。

依循天狗的屬性，失蹤者談及前往的異界印象或體驗，如凌空飛翔，經臨市區、鄰村甚至東京，山中徘徊，參加天狗聚會（酒宴）等等，皆可理解為對應天狗的屬性。亦即，與其說神隱體驗者自述的體驗談，究其實，透過所屬民俗社會的天狗幻想（信仰），再以「異界體驗」的形式呈現出來。

如前所述，諸如此類的異界印象，內容相當貧乏。不外乎是山谷的草原或花海等「美好的地方」、俯瞰市區、河海上空、天狗酒宴場所等等乏味的樣板化異界。遭遇神隱者的自述內容，少有讓人震驚、恐懼，或勾起憧憬的異界體驗。唯有寥寥可數，東京遊歷、俯瞰市區鄰村之類的不可思議體驗，才稍稍值得微豎起耳朵聆聽。

我們抱持疑惑，究竟隱神——假定是天狗——因何理由、目的，要將人誘往異界，飛翔空中、遊走山林呢？

對此問題，幾乎全數的神隱經驗者的異界體驗談，都沒有令人滿意的回答。察看上述經歷，事例5和事例9稍有提及，但似乎僅只加入天狗同夥罷了。

在此稍微披露筆者自己的想像。從天狗的立場來看，其施法捉弄的被神隱者當中，遺體遭發現者以及始終音信全無者，方為適合誘拐的人選，因此滯留異界無法回來。而得以平安返歸者，因天狗判定不適合所以才被送回。如是的想像，應也合情合理。

倘若如是，我們還想追問，被神隱者肉體死亡後，魂魄去向何方？又有何體驗？而始終杳無音信的生死不明者，身在何方？體驗又如何？遺憾的是，現實中該兩類被神隱者，我們已經不可能寄望獲取任何資訊了。

人間界與異界的媒介少年

神隱事件的相關承襲，分析其主要構成要素加以考察，可知與其他民俗並無不同，明顯亦受傳統形成的共同幻想所支配。諸多構成要素相互結合，演繹主要的角色，亦即神隱事件的當事人——人間界的主人翁。首先，考量遭逢神隱者的個人性格。

柳田國男強調，被認定遭逢神隱事件的中心人物失蹤者，多屬孩童、癡鈍成人或一時精神失常的人，以及女性。

精神障礙者，突然間消失蹤影，至今也屢見不鮮。往昔的失蹤人物，往往多屬此類。事後完全喪失記憶，或幻覺幻聽使然，或陷入夢遊狀態外出亂走，他們之所以失蹤，經常自稱被天狗擄走，或遭狐迷惑了。柳田國男引述德田秋聲之說，講述撞遇神隱的鄰居青年「資質癡鈍」，早川孝太郎採集的愛知縣本鄉町的青年也是「生來癡鈍」。

年幼的孩童，為何容易遭受神隱？相較於走跳社會而具備充分知識與智慧的成人來說，稚嫩幼童的走失比例壓倒性居多，引發神隱事件的當事人，肯定也是幼童居多。成人入山一日未歸，不會立即被視作神隱，而小孩上山撿柴傍晚還沒回家的話，則會造成巨大騷動。

柳田國男回顧幼年時代，「我自身也曾經是個易受神隱的孩子。」他這樣自述：

雖是自身經歷，但由於年紀尚小，所以感覺像發生在別人身上。四歲那年春天，弟弟出生，加上自己本來就是個愛耍鬧性子、脾氣古怪的小孩，母親的關心愛意轉移。同一年秋天，某回拿一本圖畫書，躺著閱讀，卻面向母親頻問神戶可有嬸嬸住在那裡嗎？其實壓根並沒有，但我看來母親似乎被別的事吸引，含糊應付我幾句。過幾天，見我晝寢，母親放心去忙別事，不久轉回來卻發現我不見了，足足擔心三、四個小時後，正想敲鑼打鼓大肆去找之際，我幸運地被鄰居農夫帶回家了。當時，他們看到縣道有一名小孩向南獨行，有幾個人問說是誰家小孩呢？但我真正被認定是失蹤兒的時候，已在距我家約兩三公里遠的松樹林路旁，恰好前來附近新闢田地勞作的莊稼漢中，有個隔壁的老伯伯，立刻認出我來，問我要去哪裡，我說要到神戶嬸嬸那裡。如今我僅依稀記得被抱回來途中的一二光景，其他過程都是從母親跟鄰居那兒聽來的。

柳田的經歷，雖沒發展到神隱事件的地步，但的確相當趨近，讓人捏把冷汗。相信擁有類似回憶的讀者諸君，亦不在少數，教人聯想起泉鏡花小說《龍潭譚》主人翁男孩的體驗。

已經是四十多年前（一九五〇年代）的往事了，確切時間無法說準，記得應該是小學三年級的時候吧，我也有類似的經驗。

當時住在東京大田區糀谷車站商店街另側的公務員宿舍，某日下午在外頭玩耍，直到天黑才想到要回家，不料家裡玄關正門和後門都牢牢鎖住，一定是氣我晚回的雙親故意教訓，不讓進門，心想「完蛋了」，但已來不及，我站立門外等父母消氣，可是母親始終沒有現身開門。似乎當天父母的心情特壞（尤其是父親）。長時間過去，不禁悲從中來，聽見鄰家傳來快樂用餐閒聊的聲音，又轉生怒氣。故意賭氣忤逆，漫無目的地在商店街隨意亂逛。附近的糀谷電影院劇照、商家擺設，邊看邊走，竟越過平交道，來到車站另一邊的商店街。對當時的我來說，平交道靠家一側，是日常見慣的空間，另一側則幾近於「異界」的未知境地。儘管腳步蹣跚，非比尋常的空間卻吸引我繼續走逛。同時，置身未知世界的恐懼感也油然而生。轉身往回走，距家不遠附近，看見母親和哥哥焦慮尋找我的模樣。當然當場狠狠挨訓一頓不用說，但目睹兩位家人的身影，心裡十足的安穩踏實，至今仍然記得。

根據前文化廳長官、精神分析學家河合隼雄的見解，兒童天生帶有「逃家願望」、「逃家幻想」。他在著作《小孩的宇宙》提及，「孩提時代，亟欲逃家，付諸模仿行動的人非常之多，毫無類似念頭的人少之又少。」又說：「逃家想像的背後，任誰都看得出來，蘊涵小孩的自立意志、自我獨立的主張。成為一個人，做真正的自己。將意願激昂的行動付諸實行，即演變成『逃家』」。但外界現實，並不盡如想像契合美好。小孩這才知道，所謂的獨立生存，自己尚力有未逮。

確實，小孩的神隱事件，經常重疊逃家願望。往昔的家庭多為大家族同居，跟現代的小家庭相較，其逃家的性質截然不同。必須考量到，小孩幻想被神怪抓走，前往日常世界的「另一方」，其背景後面蘊藏著亟欲脫離共同體而獨立自主的本身意志。小孩萌生情願接受「通過儀式」變身成人的心境，遂展開被周遭人們認為是「神隱」的另一世界之旅。因此，就極端而言，奇幻和冒險小說的兒童主人翁，無論在實際行動或空想之中，皆屬亟欲體現逃家願望的小孩。只不過，在周遭人的眼裡，他們都是遭逢神隱的孩子。

然而，柳田提及，容易遭逢神隱的小孩，並非因為受到逃家願望引領，不知不覺導致失蹤，考量更多的是宗教性因素。他認為，相較成人，小孩本來就慣常遭逢神隱，甚至有的小孩，緣於天生因素，更加容易蒙受神隱。由於存在類似的看法，成人目光遂轉向小孩的神奇能力，不時利用他們當作聽取神諭的靈媒（依代、依坐），假手遭逢神隱前往異界的小孩，叩問異界的模樣，把握異界傳遞的訊息。

對於特殊稟賦的孩子來說，意味前往另一方世界，開展為求獨立自主的通過儀式，因而亦被寄以神隱體驗，期待充當人世與異界之間的媒介者，受託擔負從一方傳達至他方的送信任務。大江健三郎《M／T與森林的不可思議物語》及《同時代遊戲》所強調的「神隱」特徵，在在具有這樣的側面意涵。

柳田的推想，並非絕對錯誤。我們必須存乎於心，遭逢神隱的小孩自異界歸來陳述的異界資訊，常是片斷的、樣板的，而非柳田所期待的彌新獨特。並且，施作小孩失蹤的隱神，幾乎全屬天狗。

我們同時應該留意到，遭逢隱神的小孩以男童壓倒性居多。民俗社會普遍以為，天狗喜好捉弄男童。根據流傳的觀念，天狗擴人的主要目的，取之作為愛欲對象，「神隱少年，天狗變童」的說法，自古有之。每當遭遇神隱者恰是男孩的場合，隱神總被認定為天狗。關於這點，亦屬神隱的「法則」（規律）之一。

行蹤不明的女性

年輕女性同樣被認為易遭神隱，原因何在？試舉一則柳田國男介紹的案例（《山之人生》）。

某富庶農家出嫁女兒的喜日，新娘子騎坐華馬，才一會兒工夫，光只剩馬，上頭的人卻不見了，多方搜尋無著。幾個月後某個冬夜，近村路口商家有五、六人聚集閒聊，談興正濃的時候，嘎一聲，出入小扇門打開，一個女人現身說要沽酒。定睛瞧看，正是失蹤多時的新娘子。大夥驚慌失措，嚇到結結巴巴，雙手顫抖斟酒交付，對方立時離開。頃刻間，大夥跟隨探頭左右，已不見蹤影。他們事後解釋，女子似沒走遠，感覺屋簷好像有人，把女子懸空帶走了。

故事荒誕離奇，不禁令人感覺，柳田轉述的這則傳聞，原型應該業已經過相當的變形。

令人趣味盎然的是，如同這則傳聞顯示，每當年輕女性遭逢神隱，幾乎未曾真正返回。按照之前的分類，屬於「神隱B型」的語述型態居多，因此要從她們口中獲悉體驗談，幾乎完全不可能。

始終音訊全無，到底她們身上發生了什麼事？又去了哪裡？村人概無所知。之前引用《遠野物語》裡的寒戶婆婆的故事。一名女性，思念人間界（村人想像），感應而至，忽而現身村人面前。從她當時的模樣和話語，的確遭逢神隱，遷居山中異界某處。筆者猜想，村人因亟欲窺探失蹤女子的境遇，妄圖強行將她招徠。上述新娘隱沒的事例、寒戶婆婆的事例，失蹤者之所以重現村人眼前，全在於村人的幻想之中，操作事件、重行傳承的結果。亟思與失蹤女人見面，遂在幻想裡頭如願以償。

年輕女性的神隱事件傳承，亦有一項「法則」（規律），不同於男童的神隱，攫走她們前往異界的隱神，柳田留意到，並非「天狗」，而是「山男」[9]或「鬼」，其之所以施作神隱，村人認為，目的是強納為妻。絕大多數女性默認接受，或無法逃脫、不得已委身。等待偶然邂逅鄉親陳述遭遇時（這也多屬村人的幻想），村人才確定女方已經是隱神的妻子了。

反觀年輕男性遭逢神隱一去不返的情況，是否可以視作成為異界女怪「山姬」[10]的丈夫？但完全不見有這般解釋的神隱事例。推敲原因，日本的社會構成．婚姻俗成以嫁入婚為常習，村人無法接受悖逆的入贅婚現象。

掀開民俗社會共同幻想的面紗，重新省視神隱事件，我們會目睹什麼樣的現實狀況？

柳田表示，女性失蹤多半緣於精神錯亂，「對於女性來說，沒有能力因為憤世或厭世，隱入山林獨活。」現實狀況果真如此嗎？

民俗社會裡女性所佔的位置，跟現代女性相比，相當悲慘。生存於家父長制支配的時代，遵循家庭倫理，女性只能嫁人、賣身、作奴。跟情投意合的男人雙宿雙飛，純屬妄想中的夢想。女性倘使認同家父長制的價值觀．倫理觀，也僅能以服從合乎於此的價值觀．倫理觀度過一生。然而，一旦有另種價值觀．倫理觀引入，質疑動搖其生活方式，女性當會反思至今採取的立場，嘗試將自己的命運委付予新的價值觀．倫理觀。

中國電影，陳凱歌導演的作品《黃土地》（一九八六），講述中國中央部陝西北部高原一處寒村，素有事先收取花紅彩禮的娃娃婚習俗，女主角翠巧亦不例外。本來順服認命的她，經由前來採集民謠，留宿家裡的共黨八路軍文藝兵員，知曉延安女性竟得以自由意志選擇對象，遂拜託軍人帶她去延安。軍人婉拒，勸她後會可期。翠巧終仍完成婚禮，履行父親承諾後，毅然決然逃走，意欲潛往延安，暗夜單獨駕划小船，投身浪濤翻滾的黃河之中，終至消失。

這齣電影本事，跟柳田採集的嫁娶日當天匿跡的新娘子傳聞，何其相似。足可推論，《山之人生》裡的失蹤新娘，因厭惡奉父母之命嫁作人妻，而選擇讓人以為遁入「異界」的方式逃婚，但究竟是潛入山林？前往都會？或自殺、被誘拐？

全然無解。不過，年輕女性倘若接觸村落「外部」引進的新價值觀．倫理觀，轉而相信山中之類的異界，存在與現實世界迥異的烏托邦，便可能考慮遁入彼世界。所謂的發狂，即是其中的一種表現形式。

菊池照雄著作《漫談山鄉遠野》，重行檢討柳田國男的《遠野物語》，他如下表示：

女性遁入山林的理由，歷經幾番輾轉。女性的軀體構造，基本上適任家務與育兒。在偏僻鄉村聚落，還要從事跟男性一樣的重度勞動，並且身處大家庭裡，尚得承受婆媳之間爭奪新舊「飯匙」（米食等資源分配權）主導權的心理壓力。

如此挫磨生理與心神的壯絕生活鬥爭，終至難堪忍受的時候，女性便會採取脫離戰線的方式，或潛山，或自縊，此外別無他種選擇。

於此，我們可以某種程度認知到，民俗社會的「法則」（規律）之一：神隱事件的主人翁多屬孩童及年輕女性，之所以存在的理由。

整理至今的考察所得，我們可以得知，日本人認為適宜神隱事件的諸種要素，嘗試將它們組合起來，設定理想型態的「神隱事件」傳承（童話、傳說、軼事）。

神隱的理想型態與斷念儀式

如前所述，我們將神隱事件，分類為四種類型，神隱A_1型、神隱A_2型、神隱B型、神隱C型。以下，對於其型態最為複雜的A型傳承，嘗試去設想其完美的模型。

首先，慮及事件發生的地域，只要是日本的民俗社會，不拘東西南北，但經之前檢討的結果來看，天狗信仰傳承相對厚實的地域，最為討喜。所以我們目光置於四國的P村。至於時間，高度經濟成長期以前的明治至昭和三〇年代（一八六八～一九五九），任一時點皆宜，姑且選定昭和初期（昭和元年，一九二六）。季節雖沒有強烈的法則性，暫從柳田之說，擇取春季。上述時空之下，某日傍晚，幾名小孩在低垂夜幕裡玩躲迷藏，突然其中一名男童消失不見了。

假設，事件發生許久之後，面對前來田野調查的民俗學者，舉凡牽涉該神隱事件的關係人，失蹤兒家屬、參與搜索者，甚至耳聞該事件的人，綜合他們陳述的事件梗概如下：

昭和時代初期，某年春季某日，薄暮時分，一群小孩還在村外嬉玩躲迷藏。夜幕低沉，大夥覺得應該結束，其中一名小孩Q君卻遲未出現。同伴雖感奇怪，但都心想天色已晚，難不成他自己任性跑回去？猜測經合理化，便各自返家。Q君家屬，因孩子始終未歸，附近遍尋無著。從玩伴口中得知，孩子傍晚時分消失，心頭一驚，耽怕遭逢神隱。央託鄰居協助，搜山覓谷，直至深夜，全村總出動，仍無所獲。這時連村人都認為撞煞神隱了。翌日、再隔日，搜索行動持續，還是不見Q君身影。第五天，村人祭出鑼鼓，敲打聲震天嘎響，邊找邊齊口呼叫「回來呀——喲、回來呀——喲」。孩子仍舊沒有現身。鑼鼓祭出，搜索照樣無效的話，那麼小孩肯定是回不來了。搜索行動就此收兵，打住告終。

第六天晨間。失蹤兒家人開門，竟見一身破爛、遍體割傷刮傷的Q君站立門外。家人急問究竟跑哪去了？答不出所以然來。乾等孩子心神回復，慢慢詳詢，整理大致經過如左。

當時躲迷藏玩至天黑，突然一陣強風吹襲，身體飄升起來，降落在陌生山頂。一名紅臉巨壯天狗現身，招手叫我過去，趴他背上，凌空高飛，繞過這山、越過那山，來到某崇嶺近山頂某處，大群天狗擺設酒宴。帶我來的天狗問「要不要做我的弟子？」我趕緊回說「不要。」天狗又背我起飛返回，還難得地帶我到東京，從上空欣賞東京景物，隨後，就落到家門口了。

該村落之前也發生過小孩遭逢神隱，每次同樣都眾口傳言是天狗作祟。

上述設想的「神隱事件」，歷經數天失蹤者才被發現，如果整起歷程短縮成一日，故事將會形似本章冒頭所引用的德田秋聲鄰家青年的神隱事件。由此可見，天數增加，內容隨之產生差異。請試想，僅幾小時衣服就破破爛爛，難圓其說。躺臥自家屋頂好幾個月才被發現，也匪夷所思。內容必須配合歷程延展，變動情節進行合理化。

透過意義彙整，四種神隱類型，擷取其中的A_1型加以圖式化。

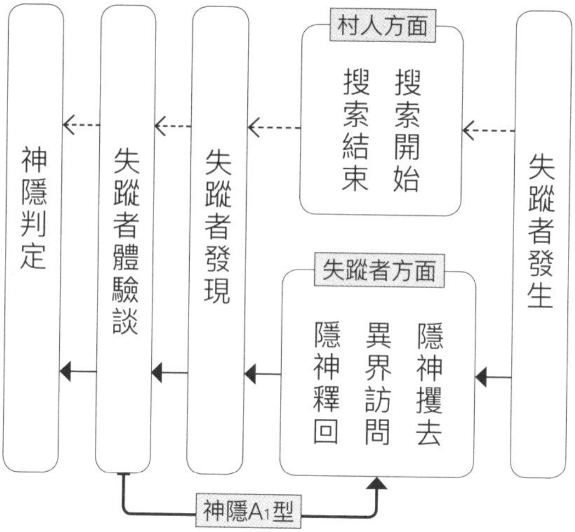

參照A_1型圖式，說明A_2型，對應失蹤者體驗談的部分缺漏。B型的話，既然失蹤者生死未卜，體驗談的部分同樣缺漏——即使謠傳一度現身，其體驗談亦屬繪聲繪影。C型的情況，搜索中或事後發現遺體，異界訪問連帶體驗談的部分缺漏。

經村人判定為「神隱」的失蹤事件當中，失蹤者能夠呼應村人判定而自述的失蹤體驗，唯有「神隱A_1型」。必須特別強調，被判定為神隱的事件案例，

A_1型所佔比例竟然意料之少。並且，A_1型失蹤者的異界體驗談，內容貧乏，總出現整齊畫一的傾向。

因此，村落民眾異界觀的構建，並非單靠A_1型失蹤者的異界體驗談所能完成。對於A_2型神隱、B型神隱、C型神隱的失蹤者的「後事」，村民自行任意發動想像的異界觀，更加多元豐富。揉合A_1型體驗談和村民編造的異界觀，構建完成的異界印象，也就是，揉合的異界觀被導入神隱體驗的各種類型，形成了我們熟悉的異界觀的傳承裝置——例如民間傳說、童話故事。

民俗社會的「神隱」，究屬何物？極端而言，忽略現實世界的因果關係，而將失蹤事件包覆以「神隱」面紗，把所有失蹤的起因，全導向「神隱」的緣故。無論自殺、意外死亡、誘拐、殺人滅口、人口販賣、逃家、山中迷路，甚至僅走失數小時的小孩，都歸咎於「神隱」作祟。

神隱，確有聽取弦外「神」音的啟發，但多數純為隱蔽事實的面紗。所謂「神隱」，恐怖的聲響與甜美的聲響相互交融。真正的意義是「失蹤者回不來了，斷念吧！」回音繚繞，這樣的想法更加強烈。循此角度，形式化的搜索行動，或可視為趨近斷念而採行的過渡儀式。「遭逢神隱」的詞彙，意味著將失蹤事件投放於另一方世界＝異界。這樣的舉措，對於民俗社會的民眾、遺留的親人，以及失蹤者本身，究竟是幸呢？還是不幸？

譯註

① 細加區分，躲迷藏，當鬼者（暫時遮眼後）明眼搜找人遊戲。另一種，捉迷藏，當鬼者蒙眼捉抓人遊戲，或老鷹捉抓小雞的形式。本書指稱的隱蔽遊戲，絕大多數屬前者，少數屬後者。

② 唱詞，唱唸一段詞句，以最後一個字音的落點，決定當鬼者。

③ 雙六，依據骰子數目跳格行進的桌遊，又可分為兩人對戰的「盤雙六」，以及多人競爭的「繪雙六」。現多指後者。

④《東海道中膝栗毛》，江戶時代後期通俗作家十返舍一九的滑稽小說，描述兩名主人翁從江戶沿東海道至京都、大阪的旅行見聞。「膝」指雙腳，「栗毛」指栗色馬匹，「膝栗毛」意謂以膝代馬，徒步旅行。

⑤ 御先狐，管狐的異稱，見前章譯註⑤。

⑥ 送神日，陰曆十月各地諸神參集出雲大社，故九月最末夜舉行送神儀式。

⑦ 土間，舊式建物內裡，沒有鋪設木板，直接裸露地面的部分。

⑧ 山岳修行者，修驗道修驗者，即山伏。見第一章譯註②。

⑨ 山男，定住深山的男妖，有魁漢、小兒之別，另有單眼、單足者。又稱山人。

⑩ 山姬，定住深山的女妖，傳說好吸人之生血。又稱山女、山姥。

第三章

各式各樣的隱神傳說

民俗社會的異界印象

民俗社會的人們，相信人間界外部，存有天上界、山中界、海中界、地下界等多樣的異界。人如果被誘拐帶往異界，當事者以外的人，便將之視作所謂的「神隱」事件。

緊接，民俗社會的人會去思索，究竟是怎樣的隱神？為求怎樣的目的？拐人而去的又是怎樣的異界？

考慮路徑依循兩種面向。其一，對吾人抱持好意的神靈＝隱神，將特定某人帶往異界的場合，該名特定某人便是神的選民，多數時候，神授予豐富貴重的體驗返回。如是的異界體驗，就結局來說是好的體驗，讓人享受美好體驗的隱神屬於善神。當然，受訪的異界則被想像成烏托邦。

相對的，另一面向相反，對人類抱持敵意的隱神，將特定某人攫去異界的場合，前往異界的人被邪惡隱神加害，強迫在異界度過悲慘的生活。

「神隱」詞彙，乍聽之際，我們腦海浮現的印象，究屬哪一種？前者印象難有，但恐怕後者居多。我們畏懼，異界棲息如許恐怖的隱神，隨時隨機攫人而去。

必須留意，提及異界存在善良的神與邪惡的神，但不同於基督教的神，善惡分明。日本的諸神，有時是善的存在，有時是惡的存在，非適用勢分兩立、絕然對峙的概念。日本的諸神，依據邂逅狀況、人的性格或神靈當下心情，有時現身為善靈，有時現身為惡靈。列舉日本的凶邪神怪，首先映入腦海，非「鬼」莫屬。但即使眈眈伺機攫人食肉的鬼，偶爾也會以「與人為善」的面貌出現。例如在童話故事「摘瘤爺爺」[1]登場的鬼，熱情歡迎跳舞好手的老叟參加酒席歡宴。

透過前述案例，我們目睹的神隱事件的隱神，幾全未戕虐人類。如有慘遭殺戮者，已無法復生返歸人間界。因而舉凡歸返人間界的神隱體驗者所遇見的隱神，往往皆屬善良的隱神。值此緣故，考察隱神，不能僅憑平安無事的神隱體驗者，我們不能單只考察天狗之類、甚少取人性命的隱神，檢討標準需要擴及沒有讓失蹤者活著回來，強制攫去異界的隱神。

透過至今檢視的神隱事件，我們將隱人之神，強烈指向天狗。論其背景，當然受到天狗信仰廣泛流布的影響。但更為關鍵的原因，天狗對於吾人而言，究竟是正面的隱神或負面的隱神，難下定論。實際案例呈現，遭天狗帶往異界的人，多數止於逡巡山中、淩空飛行，便返回人間界。天狗沒有授予金錢財物，也沒有啖食人類，只是短暫作為玩伴而將人帶往異界。施作神隱的隱神，如需要立即指認，人們自然偏好點名正負面形象皆曖昧不明的天狗。

民俗社會的異界印象

檢視帶有負面形象、強制誘拐吾人前往異界的諸神之前，且先招徠身居隱神第一把手，屢常登臨民間故事熱門話題的天狗出場。

天狗，究竟棲息什麼地方？根據什麼目的擄人？天狗之於隱神的關係又是如何？讓我們姑且從古老的民間故事著手梳理。

為求理解民俗社會的天狗形象，試舉天狗傳說著稱的「彥市話」[2]故事群，擇取其中一則，以「隱形簑笠」[3]為主題的童話。

彥市欺騙天狗，拿一只竹筒作勢假裝望遠鏡，佯稱「看見東京大地震了、看見大阪火災了。」聽見嚷嚷，天狗對竹筒深感興趣，拿出隱形蓑衣與之交換。得手隱形蓑衣的彥市，每晚前往酒屋爽飲，店主見酒藏無端減少深覺不可思議。某日，彥市老婆發現蓑衣破舊，一把火將之燒成灰燼。彥市懊惱至極，無可如何，只好將灰燼塗抹全身，照樣去酒屋喝免費。誰知，口喙沾上酒液灰燼掉落，酒屋小廝發現，一張嘴在偷喝酒，以為是狸精搞怪，用木劍痛打。直到灰燼幾全抖落，這才曉得原來非狸是人。彥市弄巧成拙、自作自受。

這則故事裡的天狗，遭黠慧的人所騙，一副糊塗神靈＝妖怪的模樣。這則故事當中，天狗並沒有攫人去異界，反倒被彥市欺詐，拿隱形簑笠交換竹筒而已。

古老的民間故事裡頭，對應民俗社會的神隱事件，有沒有描繪遭天狗誘拐的體驗？如有的話，當能更加詳知天狗攫人前往的異界情況。以為應該很多，但出乎意料，相當罕見。且從少量中擷取，內容稍許觸及，收入細川賴重編著的《東祖谷昔話集》，題名「天狗與金比羅參拜」的故事。

古早以前，有個名叫阿良的貧窮男子，總想遠行進香，但沒啥盤纏，哪兒也去不了。某日聽聞鄰居阿態說「就要去參拜金比羅大神[4]囉。」爭著拜託對方也要替自己祈福。當夜，似睡未睡，天狗降臨，「我這也要去金比羅了。」阿良手邊僅有一錢五厘，「請幫我帶上香油錢。」天狗道：「你真的想去的話，鑽入我翅膀下面吧。」凌空一飛，須臾便來到金比羅宮的寶物殿，參拜後，天狗又帶他謁見箸藏大權現[5]。正要返回的時候，天狗說：「載著你飛，我累壞了。」嚇傻的阿良，哭喪臉千託萬託，「要不然，你抓住我鼻子好了。」天狗道。阿良攀掛天狗鼻鉤，乘風飛行，直到手都快麻掉了。鬆開墜下的話，必定粉身碎骨，阿良拚命想抓牢，但眼看就頂不住了：「掉下去啦，我掉下去啦——」正大喊大叫的時候，老婆罵聲：「搞什麼你！」阿良一聽驚醒，原來是做夢。而以為抓的是天狗的鼻鉤，竟是自己的陽具。

故事主人翁，夢裡遭天狗帶往異界——金刀比羅宮與箸藏寺，皆屬必須儲存相當金錢與足夠時間才能成行的神聖所在——憑藉空中飛行前去訪問。這則故事的異界體驗，屬於憑藉做夢所實現的神隱體驗談，但比真實世界遭遇神隱的小孩更清楚記得天狗＝隱神的姿態、空中飛行的樣子，以及金刀比羅宮和箸藏寺的光景。

毫無疑問，主人翁阿良確實撞見神隱，訪問過了異界。

天狗信仰的歷史

回顧天狗信仰史，深印吾人腦海的天狗諸屬性，齊備完整登場，要算是平安時代（七九四～一一八五）。天狗粗分有鼻高天狗與鳥類天狗兩種。鳶鷲形態的鳥類天狗，是平安時代至中世紀的主流天狗形象，。

就筆者的理解，天狗之謂的神靈＝妖怪的形象造設者，實為天台宗密教僧，尤其是山岳修行者。天台密教僧視人世種種反常現象為天狗作祟，藉以凸顯他們的信仰獨特性。力圖推廣佛教教化，他們作戰、擊退佛教之敵天狗，誇示自身存在及咒力的高強。

《今昔物語》[6]記載以下一則故事。

伊吹山[7]三修禪師，素行怠惰學問之僧，卻冀望往生極樂淨土。某次，空中傳來巨聲，告知「你修行厚積累成，明日過午，引至極樂淨土。」禪師大喜，吩咐弟子陪侍，唱誦念佛等待諸聖來迎[8]。果然西空綻放光明，顯現金碧輝煌佛顏。美妙音樂、紫色雲彩包覆禪師，佛陀執其手望西空而去。眾弟子咸認禪師往生極樂。然七日後，弟子內山採薪，發現禪師橫遭藤蔓綁縛樹幹，滿嘴狂念佛號，方才憬悟遭天狗耍弄了。禪師始終沒有恢復正常，再三日氣絕而亡。

彼時的天狗，據說喜歡捉弄密教僧，被視作佛教之敵。可以看出，天狗假裝以阿彌陀佛為首的西方諸聖來迎，搬演一齣惡搞僧人的「天狗偽來迎」。

我們矚目的重點，當是禪師在眾目睽睽之下被天狗攫去，七天之內，遭遇「神隱」直至被綁縛樹幹的七日裡，他身處何方？有何體驗？但不省人事的禪師全無回應，斷氣命絕。

下列故事，同樣是《今昔物語》的記載，可以從中窺知天狗的棲息地場景。

讚岐滿濃池主人龍王，化身小蛇，晝寢水岸土堤，遭鳥鳶形之比良山[9]天狗飛降抓走，途中天狗用嘴喙咂啄蛇顱，因鱗殼堅硬難以得逞，遂攜往比良山，禁閉岩洞之中，再度外出獵物。龍王苦於缺水限制施展法術，緊接，比良山天狗打算抓走素來交惡的比叡山高僧為食，在樹頭鷹視眈眈。待高僧從廁所出來，手執勺柄舀水之際，連頭帶腳，結結實實被攫，凌空飛去，並被關入同一岩洞。龍王幸運，頭頂承受高僧手執勺柄殘餘水滴，恢復神通力，現出正體，踹破石牢，偕僧駕雲騰霧而去。不久後，天狗化身野行僧，一心想要報仇的龍王發現其身影，從空中蹴殺。被殺害的野行僧，變回折翼的鳶禽。

這則故事傳達給我們許多訊息。

首先，天狗是鳶鷲精怪的幻變，所以天狗攫人，如同鳶鷲展翅搜尋獵物的行為，一發現便撲地抓取而去，捕獲獵物，充當食物。

第二點，天狗敵害比叡山僧侶，視他們為喜愛的食物之一。可見當時，天狗已活躍於佛教信仰的範疇之內。

第三點，天狗的棲息地位於比良山岩洞（石屋），關聯自然界的鳶鷲巢穴。

第四點，天狗變身人形（野行僧）走逛京都街道，亦值得留意。趁人稍不注意，立即回復本尊攫人凌空而去。

細讀故事，可以得知，平安時代的京都民眾之間普遍相信，若有人突然行方不明，有可能是遭天狗攫去，此觀念廣為流傳。特別是僧侶失蹤，天狗作祟的嫌疑更大。受龍王幫助，被比良山天狗帶走，慶幸返回人間界的僧侶，會告訴周遭的人什麼樣的故事呢？

從妖怪到怨靈

時代略稍下移，鎌倉時代（一一八五～一三三三）的《古今著聞集》[10]，載有奈良東大寺僧侶被天狗攫走的故事。

東大寺上人春舜房，原屬上醍醐寺[11]僧人，當其抄寫如法經[12]時，一名狀甚恐怖，身著柿色衣褲的法師倏然出現，挾取上人凌空而去。眼下三千世界，歷歷得見。降臨不知名山巔處，上人被釋下，驚魂未定環顧四周，無數法師同類群聚，狀似吵架爭執。不久為首頭目近前，打量上人，說道：「為何把這師父帶到這裡？快送他回去原來的地方！」如此大聲喝令。原先的法師緊摟住上人，抵臨上醍醐寺本坊。

本事究實天狗作怪。故事經過，酷肖民俗社會真實的「神隱」，即「天狗攫」的翻版。春舜房消失之際，或會引發上醍醐寺其他僧侶騷動，或因並非長期，僅僅匿蹤幾個鐘頭，無人留意。但春舜房在如此之短的時間內，卻已被天狗帶去訪問了異界。可能做夢，也可能心理異常漫遊山中等等，暫且休提。幸運的春舜房，被天狗攫去，卻沒有變成天狗的餌食，反蒙受天狗頭目的裁定，平安歸來人間界。

時間更往下的南北朝時代（一三三一～一三九二）的《太平記》[13]一書，撰寫南北朝動亂的軍記物語，來看看其中述及天狗在彼時的形象。

書中描繪的天狗，是妖怪變身佛敵，身具威脅朝廷、公家社會的怨靈性格。在保元之亂敗北、流放讚岐受詛咒而亡的崇德上皇，在《太平記》以天狗的領袖角色登場。

貞和五年（一三四九）六月二十日，來自今屬山形縣的羽黑山山伏雲景，借宿京都東山今熊野，往赴嵯峨天龍寺遊歷途中，遇見六十多歲的熟識老山伏，「天龍寺雖然壯觀，但我們居住的山，才是全日本的不二聖地，定要來看看。」老山伏邀請，帶領雲景抵達愛宕山。京都北方的愛宕山，今日仍是以防火消火之神廣獲崇信的天狗之山，平安時代起即有供奉天狗肖像。

雲景接受老山伏引導拜見愛宕山佛閣，內心感服。「難得前來，請參訪愛宕山祕密所在。」雲景來到本堂之後，猶似住持僧坊的建物裡邊，所謂的「本堂之後」，通常指稱「後戶」，相對正門的背向出入口，也對應「表」之於「裡」、「光」之於「暗」，奉祀邪惡暴烈祟神的空間。

獲引導入內的雲景，目睹場面大為震驚，好多赫赫人物聚坐一堂，衣冠堂皇手執朝笏者有之、高僧容姿者有之、舉持大弓武士有之。最為醒目的是崇踞上座、肩胛伸展巨大金色鳶翼的坐者。周遭散發不可思議的恐怖氣息，雲景悄問：「敢問這是何等盛會啊？」老山伏依次介紹。

「上座金鵄（鳶）模樣者為崇德院，鄰旁護衛大漢是源為朝，左側依序為淡路廢帝、井上皇后、後鳥羽院、後醍醐院，14除為朝外，都是擁有至尊之位卻度過悲慘前世，現變身惡魔王棟梁的尊貴帝后；次席的高僧，玄昉、真濟、寬朝等等，也都變身大魔王。齊聚在此，正在商討謀劃如何造成天下大亂。」

雲景一一聽聞敬陪末席的老山伏詳細解說，突然間，聚會殿堂冒起猛火，引發巨大騷動。雲景慌張逃出，正以為逃到了門外，倏地像是夢醒的心緒觸動，環顧周圍，這才發現，自己始終站立不動於平安宮廢墟裡，在昔日種植存活至今的一株柿子樹下。

雲景做夢嗎？還是真的去過愛宕山遊歷走訪體驗？無論如何，就感受而言，他都是被山伏狀的天狗誘拐探訪愛宕山神祕所在後再回來，所以可以判定確實遭逢「神隱」。尤其，「倏地像是夢醒的心緒觸動，環顧周圍……始終站立柿子樹下……」此情此景，較諸民俗社會實際遭逢神隱者的狀況，極度逼真。

為何天狗要帶雲景前去愛宕山？又為何短暫施作神隱？理由顯然不在於獵食，而是讓他目睹異界情事，傳遞給下界知道。雲景獲挑選出列，擔任魔王集團內部世界的資訊外送者，期待散播資訊，廣泛影響下界民眾的心理及其行動。根據這項目的，《太平記》才將之記錄保存下來。

江戶時代的天狗隱

平安、鎌倉、南北朝，依時代往下窺看神隱與天狗之間的關係，江戶時代又是如何呢？《天狗之研究》作者，民俗研究家知切光歲表示，「德川時代天狗橫行的記錄，幾全是天狗攫。」以下借光他的研究，觀看幾則關於「天狗隱」的故事。

《諸國里人談》一書，記載江戶神田鍋町某雜貨店小廝，正月十五日傍晚，外出錢湯洗澡，過不久，卻穿著細筒褲、綁帶草鞋，一身旅行裝束返回，還拿出沾土的山薯當土產伴手禮。問他到底從什麼地方歸來，他竟回道，早上才從秩父出發。再聽他詳說，原來小廝自去年十二月十三日大掃除之夜離開，直至昨日，每天都在天狗山居伺候賓客，賓客全是出家人。倘屬實的話，小廝身處天狗山居近一個多月，可大家都知道，剛剛之前，店裡的小廝也天天出現上班啊。檢視伴手禮山薯，確非本地所產所賣。據而判斷，小廝鐵定撞見「天狗隱」了。而店裡從未缺勤的小廝，應是天狗施法分身術，將一人作兩個人使用。

此處的「天狗隱」，確切來說，完全相同於民俗社會的神隱。該名小廝，之所以遭天狗（或山伏）擄拐而去，目的是作為宴客僕役。

江戶時代後期作家曲亭馬琴筆記小說《兔園小說》記載，文化七年（一八一〇）七月二十日傍晚，淺草某處，一裸體男子從天而降，町官員獲報立刻趕至，請來大夫檢查，身體並無異常。稍後男子清醒，自稱是京都油小路安井御門跡寺院[15]護衛武士伊藤內膳的子息，名叫安次郎。據他陳述，七月十八日上午，前往愛宕山參拜，因溽熱袒身納涼，一老僧突然出現，提議帶他去看有趣的東西，只記得自己跟著走，後來的事全無記憶。官方調查判明所說屬實，隨之將他遣返京都。

這則故事，類似《太平記》的雲景的神隱。但《太平記》的天狗，讓雲景盡情目擊異界的模樣，而《兔園小說》的老僧，僅提議去看有趣的東西，光說不練，異界什麼東西也不給看，以致書裡並無表明施作神隱的目的何在。

江戶時代後期國學者平田篤胤，著書《仙境異聞》，載有江戶時代著稱的「天狗隱」體驗者寅吉的神隱體驗詳實記錄。

先扼要介紹其書內容。本名高山寅吉的神通者，文化三年（一八〇六）生於江戶下谷七軒町的小商家，父親早逝，生計仰賴母親與長兄。七歲的時候，被帶往面見常陸岩間山十三天狗塚首領杉山僧正，修行於岩間內院難台山道場，歷經五年。平田篤胤的記述，極力強調神道氛圍，排除佛教色彩，該書鮮明呈現修驗道山伏生活。寅吉習得武術、書道、加持祈禱、神道御符、藥方、占卜、祕語咒文。總之，寅吉目標作為修驗者，而遭天狗誘往，其修行則為天狗（修驗者山伏）親自傳授。

乍看之下，以為只是修驗者山伏誘拐寅吉的事件，其實《仙境異聞》中，寅吉的自我敘傳卻非常神祕化。有關他七歲的時候，被帶去岩間山的情形：

其年四月中，東叡山下遊玩，黑門前五條天神社附近，目睹某五十多歲老漢，鬍長而如女子般的髮束，髻鬈於後，作旅人裝束。從一口喙約四寸的小壺，取出藥丸售賣。非但如此，排擺地上的物品以及捲捆起來的鋪巾，事後也都收入壺中，連老漢本人亦作進入狀。寅吉狐疑間，只見老漢一足伸進壺口，瞬間就全身都進去了。緊接，小壺凌空不知飛往何處。寅吉大奇，之後每天至此觀看到晚。原先沒事，直到某日黃昏，老漢誘勸他說，你要不要也進入壺內？帶你去瞧瞧好玩的東西。寅吉心覺蹊蹺，一度婉辭。老漢從鄰攤買糖果給他，又道，你不是很想學卜筮嗎？真想的話，一起進入壺中，會有人教你。寅吉平素對於卜筮充滿興趣，抵不住誘惑，姑且聽從照做，才鑽進壺中，剎那工夫，天尚未黑，已經抵達某山巔頂。

寅吉七歲的時候，被東叡山寬永寺五條天神神社附近賣藥老漢（天狗），帶往筑波岩間山。觀其神隱的方式，脫胎自江戶時代知識人矚目的中國「壺中天」觀念，可謂別出新裁。筑波岩間山境遇，以及其他寅吉的詳細體驗情形，茲不贅述，建議有興趣者直接參照《仙境異聞》。

綜觀上述，粗略得知天狗隱的歷史之餘，重新審視民俗社會的「天狗隱」事件——天狗隱事件大多以「天狗隱」表示——足可大致了解後者的內容。

明顯的，近代民俗社會的天狗，業已喪失之前的本領能力。在民俗社會，天狗無法如平安時代的同類，拿人充作餌食；否則的話，被害者總遭吃乾抹淨，再沒機會返回人間界傳達體驗了。況且，現實民俗社會的天狗，不可能為求傳遞國事、天下事的未來預告訊息而抓走人類。民俗社會裡，被天狗攫去者的體驗談，渾沌曖昧，絕難從中了解天狗真正的謀劃企圖。

幾可下一結論，就像之前介紹的民間故事，或民俗社會的「天狗隱」，呈現方式諸如那般，體驗者僅作空中飛行，蜻蜓點水似四處探訪，然後歸來。正由於漫無目的之天狗神隱，深入人心，民俗社會一旦發生原因不明的神隱，人們立即將之標識「天狗」隱人的印記。

民俗社會的神隱事件，之所以形成幾全「天狗」作祟的思惟，正是因為存在上述歷史經緯的緣故。提及無端把人攫去異界，不久又莫名釋回的神靈＝妖怪，人們腦海浮現的，捨「天狗」其誰？

狐隱

提及神隱，人們立即聯想到天狗。從歷史縱觀來看，實屬必然。但隱神不止於天狗，神隱事件的嫌犯，固然天狗案例壓倒性居多，偶爾也會出現其他的嫌犯。

天狗戲弄生人，暗地劫持，強制令其見識異界。另有一行徑擬似天狗的神隱施作者，就是本書之前提過的——狐。

自古流傳，狐，尤其是老狐，嗜喜附身人體傳染疾病，酷愛幻化人身或變造事物。人遇狐，倒大楣。毋庸置疑，狐的心地相較於天狗惡質邪門。

狐，施作「神隱」，全憑「詐術」。現身糊弄，頃刻間消失。如第一章介紹的青森縣脇野澤村，遭狐誘騙而去向不明的兩名男孩，令人印象深刻。人們將該起失蹤事件判定為「神隱」，亦即「狐隱」。

遭狐隱蔽的人，到底被帶往什麼地方？現實世界，經判定為「狐隱」的神隱事件失蹤者，所記憶的異界諸如：「只知道被誘往的地點是山中，參加熱鬧的餐聚。」「狐化身母親，欺瞞孩子（遭神隱的孩子），說要帶他去山裡面，叫他在這裡等。」程度僅此而已，完全無法闡明「狐之城社」的獨特性。

所以，我們回過頭來，檢視對應「狐隱」事件的古老民間傳說、童話故事，細細端詳，狐，究竟把人拐去什麼地方？

狐大刺刺登場的古老傳承，如異類婚姻譚的「狐妻」，連同「尻覗、風呂肥壺」[16]，兩種類型堪稱最具代表性，皆以狐使詐惑人作為主題。「狐妻」潛入人間界生活，相對之下，後者的故事群比較吻合神隱事件。以下介紹佐佐木喜善採集自岩手縣江刺郡（《江刺郡昔話》），屬於「風呂肥壺」類型的「恩將仇報的惡狐」。

江刺與氣仙交界處有一處叫姥峠的地方，常有惡妖鬧事，很多人曾被戲弄。米里一名運送魚貨的男子常經過姥峠，總要慷慨投贈小魚。久而久之，自認已經成為「狐友」，「狐絕不會耍我啦，」如此得意洋洋。某回，該男子又來到姥峠，四、五隻狐出現，先感謝他平素照顧，再道：「不瞞說，今天正好我們有個兒子娶媳婦，可否請撥空光臨山陰住處？」男子受寵若驚，趕緊卸下魚貨，背負在身，放馬吃草，跟隨眾狐前往山陰。

果然，喜宴場合，有新娘妝扮者、媒婆，賀客盈庭，「施主、施主」，男子備受阿諛，奉為上座。魚貨牢靠綁掛柱頭，男子放鬆心情喝酒。「洗澡水幫你準備好了，請泡湯。」女狐過來說道：「幫你搓背喔。」男子飄飄然，躺入澡盆，卻突然，聞怒罵聲大作；男子不解：「咦，怪了？」回頭一看。「你這小子在幹嘛？」喝斥出自鄰居老伯之口。定睛再瞧，哪是什麼澡堂，根本就是鄰居老伯家的水稻苗圃，而且才剛撒下種籽不久，被糟蹋得亂七八糟。

故事裡頭，「苗圃」當成「澡堂」，令人捧腹。其他的變形傳說，多數「肥壺」假作澡盆。類似的情節，不僅民間傳說，實際事件也時有耳聞。

故事易言為神隱譚，清清楚楚。姥峠的狐群狐黨，肖想竊取豐盈魚貨，因此利用主人翁「我跟狐交上了朋友所以不會被騙」的自負心理，不知不覺間，將之隱蔽而去。故事中，並無明講隱蔽的時間多長，興許好幾天，不知男子其蹤，引發騷動，後才偶然被發現；或者，男子遭狐隱蔽（誘騙）的原委，眾人蒙在鼓裡，直至目睹他舉止古怪，聽取陳述才恍悟「遭狐隱蔽」。無論哪一種可能性，都足堪判定作「狐隱」。

故事中，在主人翁男子面前，狐以本來面目現身，帶領他前往位於「山陰」的狐家。由此可見，狐彷彿人類，居住屋宇，跟人類同樣經營文化性、社會性的生活。

類似的狐之營生型態，室町時代發軔、江戶初期集成的《御伽草子》[17]，其中〈木幡狐〉亦有記載。故事流傳京都民眾之間，舞台裝置隨之更動差異。此處，狐之城社，不再屬農村社會，而是貴族社會的形象。基本上，以等同人世社會結構與文化的世界，來描繪狐群社會。

稻荷＝狐信仰著稱的伏見稻荷社附近木幡地方，聚居狐塚，狐群聚落的一位狐之千金小姐，對人類社會某貴公子一見鍾情，化作人形委身為妻，生下孩子。有次，一隻討厭狐的犬狗吠叫，狐妻飽受驚嚇，畢露原形，慌慌張張逃回木幡。

重點在於，故事幻想，狐之棲息地的社會型態，擬似人類社會。民俗社會的人們相信，狐群營生於深山幽谷，也自成效仿人類的民俗社會（村落社會），方能誘拐前述民間傳說的主人翁魚貨男親訪其間，毫無違和。

幻想的人間社會

雖然，無法完全確認，人們真實相信人類社會的另一方存在狐的社會。但也可以說是，狐為求使詐訛人，處心積慮，蓄謀營造嬗變莫測的世界。從今日的觀點來看，民俗社會的異界，自屬空想。但往昔民俗社會的人們，固然確信異界存在，卻將狐誑人前去的異界，理解作短暫的、假冒的縹緲異界。內心默認，狐施作展現的異界純為幻術，而非真正的異界。

前面提及的「風呂肥壺」類型的故事例子，狐以本尊姿態亮相，邀請男子前往狐的世界；但諸如「髮剃狐」類型的故事裡頭，卻是狐化身人形，把受騙者帶入戲仿人類世界的「虛擬」世界。試取一則故事扼要介紹。

主人翁親眼目睹狐變身女性，進入某住屋。自忖定是狐假扮該戶媳婦，誘騙其家人，拚老命前去警告：「不要被騙了，那丫頭是狐！」家人打死不信。主人翁強行逼迫媳婦現出原形，怎料她卻當場猝死。驚嚇的主人翁，逃入寺廟，向和尚交代經過祈求協助。「剃光頭吧。」突然，一記聲音大喝，回神過來，所謂「狐化女」一事，全是狐施作的「幻象」，主人翁中計狐謀，徹底被戲弄了。

這則事例裡頭，狐誘引的異界，應屬「幻想的人類社會」，人被騙入「幻想的人類社會」的神隱。遭遇「狐隱」的人，沒有認清被誘入的世界實為異界，誤認猶居人類世界。待心神返照，才曉得狐耍詐，猛然醒悟自己原來置身如夢似幻當中。故事裡「狐隱」的特徵，訴諸失蹤者渾然不覺已被誘往異界——狐的世界，以為仍走跳於人類世界，人模人樣，暢享做人的快樂。等到恢復意識，始知南柯一夢，遭狐惡作劇了。

「天狗隱」的情況，也頗有幾分類似，喪失神智者，始終持續存活於執迷不悟的虛幻世界。

《今昔物語》有一則故事堪稱「狐隱」的典型。

從前，備中國賀陽郡葦守鄉，一位富豪名叫賀陽良藤，性好漁色。寬平八年（八九六）秋天，妻子遠行京都，百般無聊。某日黃昏閒佇街頭，看見一年輕倩女經過，頓起愛欲之念，抓住她問：「妳是誰？來我家好嗎？」強行求歡，倩女道：「切勿為難人家——」作勢逃開，良藤牢牢揪扯她，緊隨而去。不久，來到一棟氣派房舍，進入屋內，家人喜迎：「小姐回來啦。」氣氛熱烈。良藤老實不客氣入住，當晚兩人定情交合。

另方面，良藤公館，自從主人黃昏失蹤，亂成一團，漏夜遍尋仍無所獲。村民議論紛紛，「要是年輕人的話，可能出家或自殺去了，這把年紀的人應不至於，著實難以想像。」良藤的兄弟和兒子們，非常悲痛父親失蹤，發心起造觀音像，每日祈願「死要見屍，讓後代弔祀。」

而良藤呢，在倩女家累月經年快活著，還讓對方懷孕產子。時光流轉。某天，良藤入居的倩女住宅，突有一名俗人裝扮的惡漢，持杖闖入，家眾惶恐逃去。惡漢舉杖戳刺良藤背脊，將他從一狹窄處趕將出來。

這時候，正是良藤失蹤後的第十三天黃昏，家人思悲之中，忽見倉庫底下「怪像黑猴的東西」跪地匍匐探頭，定睛一看，正是良藤本人。他敘說如下：「當初，見到一名素未謀面的女人，目成心許，入室為婿，產一男子，選定其為『太郎』（繼承人），顯示我對該女的重視」。其子忠貞聽聞，問道：「孩子在哪裡？」富豪指向倉庫，家人趕緊再次搜看倉庫底下隔層，見幾隻狐竄出，其中一角落，似乎有良藤躺臥的睡痕。良藤肯定是被狐瞞詐了。遂召請高僧與陰陽師，禳禱祓除。其後，良藤逐漸恢復元氣。

《今昔物語》作結：「良藤居倉下十三日，卻覺十三年。倉下高不出四、五寸，他卻以為聳且廣闊，富麗堂皇，全屬靈狐作祟。掄杖而入之俗人，實為發願膜拜觀音造像的化身。」

趣味盎然。狐擅長察知人心思維，以此擺布拐騙手法，將人誘往幻想世界。受害者懵懂無知自己身處異界，誤認仍在人類世界快樂生活。簡直可以說是「癡人做夢」。

狐的棲息地近在眼前，倉庫地板與地面的隔層，假如有人在這十三天之內，目睹良藤的部分生活片段，當會發現他團團轉於眾狐之間，彷彿夢遊般，爬伏狹仄的倉庫下方，狐群圍繞他嬉鬧的模樣。或許也有可能看見，他與姣麗女狐交媾的詭譎光景。

狐為什麼要誘拐人？

從上則例子觀察，人類世界與狐世界（幻想世界）時間流動速度的差異，亦值得留意。人間界一日，相當狐世界一年。人世十三天，良藤業已在狐世界生活十三年。顯示從人的眼光來看，狐的生命週期與人不同，時間流動較為快速。良藤事後延命十數年，六十一歲去世。假使，良藤流連狐世界，沒有被觀音拯救出來，續留其間十幾年的話，亦即，人類世界延遲十多天，他應該陳屍倉庫成為骨骸了。先提一下，後面會詳述，與狐世界的時間逆反，比人類世界的時間流動更加緩慢的是神仙界、龍宮世界、鬼世界。

狐，為什麼要誘拐人？喜歡藏蔽人呢？答案非僅一種。或許主要起源自古老的傳言，狐渴望跟人類男子結縭，生下人類的小孩。

根據之一，《說經》[18]的〈信太妻〉故事，述說狐感激報恩，與安倍保名生下大名鼎鼎的安倍晴明。再一根據，《御伽草子》的〈玉藻前〉故事，那須野的妖狐，藉由結合生子，破卻王法、佛法，謀奪天下。但也無須誇張離譜至此地步，單刀直入亦可。好比〈木幡狐〉的狐姬，僅只一見鍾情於俊美公子，即變身人形與之結婚。事例之多，不及備載。總而言之，女狐好色，饞欲同人雙修，登徒子之輩簡易就被勾引上手了。

反觀，狐在低下階層的民俗社會，色情指數大減。充其量，促使蠢蛋遁入「肥壺」，或耍弄傻瓜窺看馬的屁眼而噴濺一臉馬糞，惡作劇程度如此而已。民俗社會的「狐隱」，罕見蠻橫凶狠，類似「天狗隱」，遭逢「狐隱」的失蹤者，多數得以重返人間界。值此緣故，能夠讓失蹤者回歸的隱神，多屬天狗或狐。神隱事件的嫌犯，指名狐的案例，僅次於「天狗隱」。

絕大多數的神隱事件，出現失蹤者之際，人們總是想像「天狗或狐的勾當吧。」返歸的失蹤者儘管喪失記憶，人們也會根據先前的想像，判定「天狗或狐作祟。」即使失蹤者並未失憶的時候，也自會迎合旁人解釋的內容去陳述體驗談。畢竟，失蹤者平安歸來，那麼神隱嫌犯，被視作天狗、狐之類惡意淡薄的隱神，再合理不過了。

相關天狗或狐的諸多神隱案例，按照我們的分類，應屬「神隱A型」。

鬼之形象

鬼，作為隱神，並列於天狗與狐。但比起天狗及狐，鬼更窮凶極惡。鬼，不可能為邀訪異界而抓人，也絕不可能擄人去異界僅求尋伴玩鬧。鬼之攫人，動機分明，其一充作食物，其二壓寨為妻，被鬼掠俘的人，注定遭逢悲慘命運。沒有意外的話，遇劫之人，毫無機會再度返回人間界。鬼，堪稱負面隱神的典型形象。

鬼攫之人，目睹異界為何？為清楚鬼在民俗社會中的形象，試舉古老民間故事〈鬼子小綱〉為例。

從前從前，有一對伯嬸，生養一名美麗的女兒。某日，女兒上山撿柴，被鬼強虜而行蹤不明。伯伯遍尋女兒不著，長時間過去，有天，伯伯涉草穿林，探入深山，發現有秀美衣袖碎片掛在樹枝、手絹披在枯木，更往內山而去，赫見岩窟，前面廣場枝竿曝曬洗好的衫褲，確屬女兒衣物沒錯。伯伯向洞內呼喊，模樣大變的女兒現身：「我被鬼抓來後就一直住在這裡，」女兒說。隨之進入洞窟，廳堂相當闊氣。廳堂一俊俏男孩，乃女兒與鬼所生，名叫小綱。女兒告誡小綱，「這位老伯是你的祖父，等下爸爸回來千萬別說有人來過。」伯伯藏匿房間角落櫥櫃。鬼返家，烤火，邊惱嚷似有生人氣味。女子誆說：「不瞞你，我肚裡已懷三月身孕。」

隔天，趁鬼外出辦事，三人逃出。鬼發現追趕，目睹三人櫓船划出海岸，鬼著急頓腳，悔恨氣急，吹起海螺，呼引鬼友助陣，吸呑海水欲將船隻倒流引回。就在船隻即將近岸之際，小綱扒開母親屁股，拿一支赭紅篦梳拍打。眾鬼見狀，噗哧大笑，把海水都嘔吐出來。

小綱成人後，忍不住食人欲望，自殺身亡，骨灰經風吹拂變成蚊，專吸人血。（《老媼夜譚》）

鬼攫方式，不像天狗般閒情逸致先來段前戲：「帶你去看好玩的東西。」哪管青紅皂白，啪地一下，人就被鬼綁架去了。鬼的住家亦座落深山岩窟，內裝奢華。天狗聚合形成共同信仰集團的社會，對照前例故事，山中雖有鬼朋鬼友，但大致以一鬼一核心家庭的型態，生活彷如人類社會。鬼之攫人，一為充飢、張羅家族食料，二為充妻、劫持人類女性。

鬼與天狗

古老傳說之中，鬼與天狗的角色，情節雷同的變形故事，經常彼此置換。但兩相比較，印象中總感覺，天狗偏好捉弄男性，尤其是男孩；相對的，鬼酷愛脅迫年輕女性。歸諸緣由，人們素以天狗為性無能者或同性戀者，而鬼則淫欲旺盛、精力絕倫。

上述「鬼攫」民間傳說，採集自遠野地方。再對應來看，標榜紀實故事收入《遠野物語》的案例。

遠野鄉里，至今猶稱富農為長者。青笹村糠前一位長者的愛女，突然被「某物」攫走，數年迄無消息。有天，同村某某獵戶入山，不期遇一女，甚為恐怖便作勢攻擊，對方慌忙說，你不是某某叔叔嗎？不要殺我。獵人大驚細看，原來是失蹤的長者愛女。問何以隻身在此，女人回答自己被「某物」劫持，逼姦為妻，生下好幾個孩子，但都被其夫吃掉了，殘忍至極。「我應該會在彼處度過餘生，你切勿跟人談起，否則性命危險，趕快回去。」獵人立刻飛奔返家，竟忘記問明女人究竟住居何處。

確實兩則故事十分相似。先聽過「鬼子小綱」的人，又讀到這則案例，單見含糊僅寫「某物」的隱神，當會立即聯想是鬼，不足為奇。因為人們心裡「早已有鬼」，早就懷疑棲息深山的鬼，趁人不備、伺機擄掠，劫往幽谷而去。

當然，「某物」云云，不一定絕對非「鬼」莫屬，也可能是神祕性薄弱的「山人」、「山男」；但視「某物」為「天狗」的想法，恐怕難以令人置信。

自古以來，日本人口述筆寫，流布各式各樣鬼的傳承，所以關於鬼的相關觀念，深深浸透民俗社會。以至於鬼與天狗，競相自詡「神隱主犯」，勢力消長，某種程度上，彼此分擔一定的角色。

多次強調，鬼，被認為比天狗更凶煞，暴戾毒辣，凡遭擄掠而去的人絕少生還，但就旁人看來，猜測行方不明者被鬼吞食的可能性，又信又疑。照理食殺之後，應當遺留破衣碎布或隨身物品，以及骨頭或部分殘骸，否則的話，確難認定鬼之勾當。民俗社會發生的行蹤不明事件，少見牽連於鬼的相關傳承，實源於此一理由。

相較之下，天狗在民俗社會，並無帶含如是凶煞性格，看來總是扮演憨厚頑皮的妖怪。天狗攫去的人，重返的可能性極高，實際上，從異界歸來的失蹤者，常自稱被天狗帶走。神隱的主犯，鬼出自人的口中，比率不及天狗和狐。然而，神隱主犯相關的「鬼話」，所佔位置舉足輕重。

酒吞童子傳說

鬼之存在，淵遠流長。八世紀初付梓的《出雲國風土記》，書裡恐怖的獨眼鬼，啖食生人。彼時的鬼，被視為引發疫癘流行、造成天崩地坼，極端威脅吾人生存。尤其針對京都民眾，鬼，甚至居心叵測，意圖破壞國家，謀劃侵略皇土，另建王國，是京都民眾之敵，也是國家之敵。諸如此類的「鬼話」連篇，傳承繁多。

以下介紹鬼中之鬼，名氣絕頂響亮的酒吞童子故事。

酒吞童子的故事，人人耳熟能詳，先行提點脈絡梗概。建立鬼王國於大江山的酒吞童子及其黨羽，甚至出沒京都，不分貴賤男女，連續橫遭擄掠而去。帝聽聞事件，召陰陽博士（占卜師）卦算，判明為大江山之鬼的惡行。遂敕命武將源賴光懲治酒吞童子，連同平井（藤原）保昌，輔以四天王渡邊綱、坂田公時、碓井貞光、卜部季武，變裝山伏，潛入大江山深處，抵達酒吞童子的「鬼城」，激戰結束，盡戮眾鬼，割落酒吞童子首級，攜還京都。

最古老的酒吞童子傳說記錄，見諸南北朝時期完成的繪卷《大江山繪詞》（逸翁美術館藏）。繪卷內容，教人興味盎然，「都鄙遠近之貴賤男女」，頻繁發生行方不明事件之際，尚未立即確認屬鬼作祟，帝王甚至懷疑天魔擾亂。而京都民眾，似也捉摸不定主謀究竟為鬼或天狗之類。總之，「神隱」或「人為綁架」，撲朔迷離。

故事中，帝王憑藉占卜測知隱神的真面目。青森縣脇野澤村「狐隱」事件，也是請示巫女。民俗社會「神隱」事件的場合，或也會詢問占卜師打聽失蹤者行方不明的真相。「你的兒子被鬼吃了，已經不在人世」、「平安生活於其他縣市」，聽聞結果，親屬悲嘆、死心，或放下心中石頭。占卜、神諭、夢解，皆屬探知失蹤者下落的裝置。

占卜顯示，多起失蹤案件實為大江山酒吞童子黨羽的陰私，故事情節發展中，確實按照占卜所言，確認為他們的犯行。但在現實世界，不太可能如此水到渠成。一旦出現失蹤者，經判定為神隱，進一步為求得知主犯施行占卜，拿定屬天狗或鬼的勾當，人們接受占卜結果。然而，過陣子失蹤者回來，竟表示只是山裡迷路，根本從未遇見什麼鬼和天狗。這時候，因為既然接受占卜、神諭的結果，失蹤者沒有回來反而讓大家鬆口氣。失蹤者持續失蹤，人們便得以在想像之中，延續描繪失蹤者的命運。失蹤者持續失蹤，鬼的勾當便得以延續進行。民俗社會的異界觀．他界觀，漸次由此傳承建立。

確如占卜結果，大江山崇嶺幽谷，建有酒吞童子的王國，必須潛入岩洞至另一出口才能發現。岩穴的這一方是王土，那一方是鬼土——亦名「鬼隱之里」。

「鬼隱之里」的「鬼隱」，並非「神隱」、「天狗隱」般的場合，被神或天狗隱蔽，而是「鬼隱人耳目」的意思，但也同時暗示「鬼將人隱蔽而去的地方」。

穿過岩洞，有條河川，鬼城建其對岸，城門八足，城門匾額鏤刻「酒吞童子」四字。周圍群山彷如琉璃，地表竟似晶砂，美妙非凡。源賴光諸將，恍若闖入別有洞天之境。歷史學家高橋昌明，詳細分析該座鬼城的型態，認為「作為統合冥界與仙界的鬼城，一言蔽之，『龍宮』允為貼切。」（《酒吞童子的誕生》）

鬼城之內，四方四季，亦即四面配置春夏秋冬四季景色，幾可說是一處時間靜止、不老不死的烏托邦。

作為敵對世界的鬼王國

值得留意的是，鬼城，作為鬼王國＝鬼隱之里的鬼王宮殿，空間對應京都皇居，比擬帝王的豪華生活，鬼王及其屬下鬼群，婢侍來自擄掠人女，啖食廚房精心料理的人肉，暢飲生人血酒，生活其樂融融。

室町時代成立的《田村草子》19，記載鈴鹿山鬼王大嶽丸，形同酒吞童子的鬼城，也建立屬於自己的鬼王國、鬼城。越過連綿山巒，穿過巨洞，顯現黃金煉瓦之城，黑金的門、白金的門，護城河環繞，拱橋橫跨，不啻極樂世界。遊賞庭園，四方配置四季景色，各種鳥羽裝飾屋頂的房宇百來間，內部玉板鋪敷錦綢，許多女子彈奏琵琶或琴，嬉玩棋戲、雙六。

比較之前的京都民眾所想像的鬼王國形象，可看出某種程度受其影響。反觀民間童話「鬼子小綱」的鬼住家，相對寒酸許多。入境務農謀生的村落，鬼亦必須隨俗適應村落生活。就像京都人以自己的世界，來反映京都的敵對世界——鬼王國。對村人而言，所謂的鬼世界，也是以作為農村社會、民俗社會的敵對世界形式的鬼社會。根據自身形象所描繪出來的對方形象，「鬼子小綱」的岩洞住家，及其變形故事、另類童話的鬼的形象，定住深山獨立家屋，過著宛如人類一般的家庭（類似核心家庭）生活。民俗社會的神隱事件，村人如果判斷屬鬼勾當，沒有特別意外的話，失蹤者被帶去的地方，多是岩洞住家。「鬼屋」的豪華程度，僅止比照村長、鄉紳的屋宇。民俗社會之中，鬼所棲息的異界，形象大抵如此。

從山姥到裂口女

談到鬼，總會浮現男性身影，但不要忽略女性。有名之為「鬼女」、「鬼婆婆」者，而民俗社會以稱「山姥」居多。

之前提及，許多地方傳言，小孩傍晚在外玩耍，會被「隱婆」帶走。「隱婆」形象，係由結合「山姥」拐騙小孩的觀念，穿鑿塑造。例如，「三枚護身符」類型的童話故事裡的山姥（鬼婆婆），拐人誘往異界＝山姥住家，然後吃掉。

小沙彌上山採花，老和尚給他三枚護身符。專注採花之時，一婆婆現身，出手幫忙。事畢，婆婆誆騙：有好東西，要不要到我家去？小沙彌聽從，又被勸留下過夜，小沙彌又聽從。深夜落雨，屋簷滴聲作響，嗚聲彷彿：「咚咚水珠跳起來，趕快看看婆婆臉。」小沙彌以衣袖掩面偷瞧，哇，見鬼了！

小沙彌嚇壞了，佯說上廁所，婆婆用繩子綁他腰間，才讓他去。小沙彌解開繩子，重繫於柱，再貼上一枚護身符後，爬窗逃走。婆婆問：「好了嗎？」護身符回答：「還沒！」終於，婆婆發現小沙彌「尿遁」，便去追趕。後來，再憑靠剩下的兩枚護身符化險為夷，回到寺廟。追趕而至的鬼婆婆，鬥法老和尚，遭設計變成一顆豆子，老和尚趁機吃掉了。（《聽耳草紙》）

這則童話的山姥，同樣住在山裡的獨立房舍，單身獨居。而另一則「繼子採栗」類型的童話，登場的山姥配有鬼夫。故事敘述一名身為繼女的小姊姊，與同父異母妹妹的遭遇。真誠的小姊姊，某夜借住山姥家，不知情的鬼夫返回，聞嗅屋內似有「生人氣味」，山姥顧左右而言他，保護了小姊姊；性情乖僻的妹妹，想要依法炮製，詎料山姥卻照實告知鬼夫。一番折騰，妹妹慘遭鬼夫妻烹煮分食。

耳熟能詳類似童話的小孩，當被叮嚀「會被隱婆婆抓藏去喔」的時候，立即想像被抓去深山獨立屋吃掉的情形，渾身顫抖，趕緊趁黃昏微光，快步踏上回家的路。

該名山姥，亦屬來頭不小的隱神。能樂戲曲《黑塚》、《紅葉狩》的鬼女，以及《御伽草子》的宇治橋姬，都是她聲名狼藉的祖先。

姑且題外閒聊。古老的「山姥」，轉生現代都會，一九七九年間，「裂口女」現身，導致天色一變暗，小孩就驚嚇，街頭空無一人。

都市傳說研究先驅野村純一，蒐集一百二十例女學生自述撞見「裂口女」的回憶，並檢討其異變，寫成專論〈話之行方〉。試舉其中一例。

裂口女配戴橫寬長達雙耳的口罩，倏然摘除，露出唇縫延伸至耳根的血盆大嘴。她慣常站立前方背向路人，猝不及防轉身問：「我漂亮嗎？」話畢迅即扒下口罩示人，眾驚四處逃竄。如果沒有回話，她便拿刀威脅，並以一百公尺三秒的跑速追趕。裂口女尤其厭惡髮蠟。

裂口女的人設形象，穿載打扮頗具時髦風貌，兩項特徵值得矚目：「唇縫延伸至耳根」，以及「一百公尺三秒的跑速」，形似山姥傳衍的後裔。口裂大嘴，教人聯想古代民間故事〈不食妻〉，顱頂中央另生一副口嘴的山姥（鬼女），以及巨蛇化身的鬼女。百尺三秒的跑速，模樣直逼「三枚護身符」中迅猛追逐主人翁小沙彌的山姥。

「裂口女」出現於傳統異界抹滅的現代，撞見她的人絕無異界可去了，因此凡被捕獲的人，不由分說，當場慘遭殺害。

「脂取」與纐纈城

業已檢討「天狗」、「鬼」、「山姥」三種隱神。接續介紹「攫人」綁架相關的民間故事，首先是收入《鹿兒島縣喜界島昔話集》的〈脂取〉。

某女，單獨遠行，途中遇一陌生男子。男挑逗：「好想要妳當我的老婆。」女婉拒：「我已經是兩個孩子的媽了。」男續道：「那沒關係。來我家，不用做事，每天照吃大餐。」強行把女人帶回去。男子居住山中一棟獨立豪宅，相當壯觀。果如約定，女人飽食終日，戲耍消閒，雙方並無同居之實。男子提出條件僅是再三交代，「絕不允許外出一步。」幾年過去，成天閉門屋中，女人百般無聊，渴望出門透氣。某日男子不在家中，女人偷溜戶外，行走幾步，又看見一間氣派大房，從隙縫窺看內部，震驚不已。許多女性由天花板倒吊下來。其中一名表示，「騙我們灌食、身軀漲肥了，就被用這般手段榨取油脂。想必妳也一樣，趁現在趕緊逃吧。」女人二話不說，慌忙胡亂遁走山中。時機欠佳，天色漸暗。萬幸遙見燈火人家，前去求助。單身的屋主白髮婆婆，聽聞女人遭遇，冷回：「我可跟那男的是同夥喲。」女人拚死拚活哀求救命。婆婆心軟，叫她躲進天花板上。終於男子現身，「好不容易飼養到今天，一個女的卻跑了，有來這兒嗎？」婆婆答稱：「沒有。」男子屋裡東翻西找，沒發覺什麼異樣，就離開了。隔天清早，女的再三感謝婆婆，踏步歸路。誰知才進家門，家人竟以為自己身故，早早辦妥喪事。女人歷經波折，死而復活，家人、鄰居欣喜萬分。頃刻間，女人睜眼醒來，啊，原來全都是夢！

故事裡的「男子」跟「白髮婆婆」，果真是人嗎？或者根本就是「鬼」和「山姥」？無從確知。兩者至終幽明難辨，更備增故事的懾人迫力。但從我們之前的考察加以類推，緣於民俗社會的人們，常會將「鬼」與「山姥」的形象，同從事黑暗犯罪的「異人」形象，互相疊合。幽明難辨的兩者，正是該種機制的產物。

話說回頭，這則傳說的事件內裡，對於失蹤女子的親友和村民來說，卻屬不折不扣的神隱事件。託事遠行以致行方不明，數年後歸來的女子，向丈夫、親友陳述，被陌生男子誘拐，前去深山某處，險遭割取人油的恐怖地方，幸運逃脫返家——如此的敘事開展，與「神隱」的模型完全吻合。

把人倒懸抽油，景象恐怖，但割取人油做什麼用呢？為調製特別的藥方嗎？可惜完全未能明白。類似的其它變形故事群，非採「取油」，而用「取血」。割取血液的話，印象就稍清楚。鬼，不就嗜飲人之生血，代酒暢飲？

然而，也有榨取生血，用來染布，即所謂「纐纈染」的著色顏料。產製生血的地方，位於遠離人煙的山中「異界」，古稱「纐纈城」。

類似的傳奇，見諸於一二二〇年代、鎌倉時代前期成書的《宇治拾遺物語》，以下簡略述說內容。

慈覺大師[20]入唐修行佛法的事蹟。當時唐國鎮壓佛教，慈覺大師亦遭勒令出境。長途翻山越嶺，抵達某處城牆高圍大門，想必富家豪宅。進入其間，原本敞開的鐵門立即關閉。大師信步邸內，發現另一建物，往內瞧看，許多人被腳上頭下倒懸，底部置桶盛血。其中一人用指畫地寫字：「此處纐纈城，來者先餵啞藥，次灌肥藥，然後反吊，身體橫遭亂刺亂切，生血流乾滴盡，用之染色纐纈販售。」大師面向比叡山，一心祈禱，靈犬前來引導，脫離險境。

這齣傳奇流布日本，幾經輾轉，變形成為「脂取」故事。如果有人事先知曉類似的傳奇故事，對於行蹤不明者的後續，或會想像，被害者也許被人鬼莫辨者，巧言騙入山中異界，割取生血、油脂。現實世界，說不定果真存在，割取生血作染纈纈，罪重惡極、心性如鬼的歹徒。在民俗社會，常將如是的異人形象，與鬼和山姥的形象，交疊重合。

至今，我們檢討隱神諸種要件，同時也對於行方不明者，被什麼樣的神？帶去什麼樣的異界？提出回答。一名年輕女孩突然失蹤，遭逢神隱嗎？照章行事尋覓，仍未發現身影，當下人們閃過腦海，檢索隱神的名字及其姿態，一併想像遭逢神隱者面臨的處境等等情景。民俗社會，絕不會僅用單一形象來想像失蹤者的「其後」命運，而是在各式各樣異界與隱神的疊合形象中，進行「辨識」神隱事件。

譯註

① 摘瘤爺爺（瘤取り爺さん），童話故事的一種類型，敘述兩名分別左右臉頰贅長肉瘤的老翁，一因善良而遭鬼除去肉瘤，一因貪婪而增生肉瘤。流傳日本各地的變形故事甚多。

② 彥市話，流傳九州熊本縣球磨郡、八代海沿岸，主人翁名為「彥市」的機智童話集。

③隱形簑笠（隠れ蓑笠），濫用寶物、不勞而獲反招損受辱的一種童話類型。西亞、印度、中國、朝鮮、歐洲甚至北美，都有類似的變形故事。

④金比羅，即金毘羅，金刀比羅宮的異稱，位於香川縣仲多度郡琴平町，主祀大物主神，合祀崇德天皇。明治前神佛合習時代，稱象頭山金毘羅大權現。金毘羅，梵語Kumbhira的漢音譯，恆河鱷魚神格化之水神，結合大物主神，形成航海神信仰。

⑤箸藏大權現，指箸藏寺，位於德島縣三好市池田町州津，本尊藥師如來、金毘羅大權現，規模龐巨。又以金刀比羅宮的奧院著稱。

⑥《今昔物語》，平安時代後期集成的民間故事集，共千餘則，分成天竺（印度）、震旦（中國）、本朝（日本）三部。

⑦伊吹山，位於滋賀縣近岐阜縣交界處，標高一三七七點三公尺。

⑧來迎，淨土信仰，篤念極樂者臨終之際，阿彌陀佛率諸菩薩乘紫雲親迎，又稱迎接、御來迎。

⑨比良山，位於滋賀縣琵琶湖西側，作鳥鳶形狀，最高峰武奈岳，海拔一二一四點四公尺。

⑩《古今著聞集》，鎌倉時代民間故事集，一二五四年成立，分類三十編目，約七百則。

⑪上醍醐寺，即今之京都市伏見區真言宗醍醐寺，笠取山全山為其寺域，山麓以上稱上醍醐，以下稱下醍醐。

⑫如法經，依循一定法式抄寫經文。經文多指《法華經》。又稱如法寫經。

⑬《太平記》，南北朝時代軍記小說。描繪鎌倉時代末期至南北朝中期，約五十年間動亂故事。

⑭崇德院，即崇德天皇（一一一九～一一六四），被迫讓位近衛天皇，近衛歿後圖謀擁立其子重仁親王繼位，失敗遭流放讚岐，是為保元之亂。
•源為朝（一一三九～一一七七），保元之亂支持崇德上皇，敗北自殺。
•淡路廢帝，即淳仁天皇（七三三～七六五），對立女帝孝謙上皇遭廢，流放淡路島。
•井上皇后（七一七～七七五），光仁天皇皇后，涉嫌咒詛光仁天皇遭廢。
•後鳥羽院，即後鳥羽天皇（一一八〇～一二三九），一一九八年一月讓位土御門天皇，開設院政。一二二一年五月討伐執權北條義時失敗，流放並逝於隱岐島。
•後醍醐院，即後醍醐天皇（一二八八～一三三九），鎌倉幕府滅亡後，推行建武新政受挫，移駐奈良，南北朝時代南朝吉野朝廷首位天皇，持續反抗北朝及室町幕府。

⑮門跡寺院，皇族或公卿貴族子弟出家擔任住持之特定寺院。

⑯尻覗，意指錯把馬的肛門當作門窗窺看的孔洞。風呂肥壺，意指錯把糞尿坑池當作澡盆。

⑰御伽草子，室町時代至江戶時代短篇通俗故事的總稱，總數三百篇以上。狹義則指江戶時代中期大坂（後稱大阪）書肆以「御伽文庫」名義發行的二十三則短篇故事。

⑱說經，即說經節，中世至近世流行的說唱藝能，多以佛典教訓為其宗旨。又稱歌說經、說教。

⑲《田村草子》，以平安時代英雄坂上田村麻呂為主人翁的虛構故事集。

⑳慈覺大師（七九四～八六四），日本天台宗第三代座主，入唐八家之一，出身下野國（今屬栃木縣）豪族壬生氏，求法旅行日記《入唐求法巡禮行記》尤著稱於世。

第四章

神隱及其異界訪問

作爲淨土＝烏托邦的異界

前章檢視強烈負面形象的異界，以及棲息其間的隱神。異界是隱神強制擄人而去的地方，然而，失蹤者的異界之行，並非全然被動受逼。有時，純屬偶然迷蹤進入異界而受到歡迎；或者，異界的神，感應人的信仰心、供品，作為謝禮而招待參觀異界。民俗社會的人們，也想像存有這般的異界訪問。

如是場合的異界訪問，受人喜愛，因此該異界的神亦屬充滿善意的神。如是的異界訪問及棲息該異界的神，對照前章負面的異界和隱神，形象完全相反。

因此，研究者多數排斥，並將之置於神隱信仰的範疇之外。然而容我們深入考量，帶往討喜的異界也好，帶往討厭的異界也罷，對於失蹤者的家屬和村人來說，全屬不明就裡的失蹤事件。

失蹤事件發生之際，人們想像失蹤者，或被鬼、山姥擄走吃掉，結局悲慘；或因天狗、狐的勾當，短時即會釋回。但失蹤者的「其後」，並非全然如此黑暗，也可能是失蹤者被誘往美好的異界——淨土＝烏托邦的異界。實際上，如同卡爾．布瑟的詩句「山啊，人們都說，幸福住在你那邊的空遠處」[1]，或許也有試圖擺脫人間世界苦難，憧憬展開旅行的人。「神隱」一詞，不只刷飾陰暗的圖繪，也洋溢甘美的聲響。

民俗社會所抱持的，滿心善意的神所棲息、作為淨土＝烏托邦的異界，究屬什麼地方？前往該世界訪問的失蹤者，經歷怎樣的體驗？

遺憾的是，就我們所知，關於這點，民俗社會神隱體驗者的實例，概無提供足可明瞭的詳細資訊。他們談及異界的正面形象，無非「深山的美好地方」、「東京之類的都市」，程度空泛。本章，立意尋訪民俗社會人們所抱持作為淨土＝烏托邦的異界，並嘗試想像前往異界訪問，遭逢神隱者的「其後」。線索及門路，仍舊需從民間傳說、童話故事著手。

的確，前章目睹，隱神攫人而去的異界，某種意義上，透露幾許樂園似的氛圍。例如酒吞童子、大嶽丸的鬼城，隱含神仙界或龍宮的印象；被狐迷惑進入的狐世界，儘管亦屬幻想世界，但也是個假設足可饜飽食欲性欲的美好世界；繽繽城的表象，也隱含如是異界的面貌。

當然，與真實相反，那些噬人吞血的悲慘場所，表象編造請君入甕的幻想世界、虛有其表的世界、假好心款待的世界，事實上是充作笑柄、殺戮的裝置，引人自投羅網的圈套。

縱然如此，還是去看看，與人為善而顯現的諸神世界，到底是何種世界？

夢與異界訪問譚

在民俗社會，民間傳說或童話，不乏以自美好的異界歸來的體驗者作為主人翁，一般名之「異界訪問譚」。他們突然之間，接觸討喜的異界住人，於是從人間世界前往異界。民間故事講述的舞台，倏地移往這般的異界，但故事之中，從未提及其他村民的感受，按理，主人翁離奇失蹤，應看作神隱或類似事件，引發騷動才對。以下試舉數例檢視，本該屬於「神隱譚」的「異界訪問譚」。

《越中射水昔話》載有源自被分類為「源五郎昇天」類型的故事。

從前，某地方有個傘匠。一天，做好的傘在庭院曝曬之時，強風吹來，「糟糕！」忙去收傘，不料風勢加大，連人帶傘一併被吹走。傘匠被帶上雲端，赫見雷神，面目可憎，不由得畏縮成一團。雷神發現他：「你來幫幫忙，當我霹卡霹卡、匡啷匡啷的時候，你就把這桶水，唦——全倒出來，流灑下界。」傘匠聽話照做，下界的人尖叫：「哇，西北雨！」紛紛走避。傘匠越幹越帶勁，樂當雷神的助手。誰知，一步腳滑，從雲端倒栽蔥掉落，卡在不知誰家的屋頂。這時傘匠眼睛張開，原來是夢。

筆者見過無數民俗社會的神隱事件的案例，深深覺得這則民間故事，興味盎然。

首先，主人翁傘匠，因強風襲來，要收攏庭院曝曬的成品，正去整理的時候，誰知連人帶傘被吹走。此情此景，與被莫名強風帶往不知名地方的神隱體驗者遭逢神隱的場面，奇妙吻合。想必，眼見主人翁被強風吹走而行方不明的傘匠家人和村民，應將之判定為神隱。

然而，村人單方判定、標識神隱印記的傘匠失蹤事件，正確來說固屬神隱無異，卻並非出自於神主動將之帶往異界的神隱，而是「強風所為」，前往異界純屬偶然。

傘匠被風帶往的異界，設定為雲端之上的雷神世界，可視作天上界的一種。

發現冒失到訪的傘匠，意料之外，雷神並無怪罪，正忙著天打雷劈、灑水成雨，反要傘匠出力幫忙。眼見模樣恐怖的雷神請託，傘匠戰戰兢兢，遵照吩咐倒桶放水，越做越有趣。當局者迷，一時失足，從雲端摔跌，掉落某人家屋頂上頭。

故事裡，異界歸返下界（人間界）的方式，也值得矚目，酷似遭逢神隱者再次出現人們眼前的方式，卻不是被神引回，而是傘匠自己失足所致。

的確，這則童話，由其內部、從異界的角度來看，歸類「神隱譚」，絲毫都不奇怪。

例如，試想第二章介紹德田秋聲鄰家青年遭逢的神隱事件。青年在德田家旁「將木屐脫棄高大柿子樹下行方不明」，到處搜尋未果，「無意間聽見天花板發出重物掉落聲響」，突然現身。天花板的重物聲響，想必也是青年從屋頂掉落的聲音。

德田秋聲鄰家青年事件，我們可以據以認定，是這名「平素表現稍微遲鈍的青年」，爬上柿子樹，再從樹上掉落的事件而已。但周遭的人，聆聽半回神過來的青年，自陳「一魁梧老漢帶他出遊吃美食。」於是判斷應是遭逢神隱。

青年的異界體驗，僅此而已。如果代而換之，將上述童話一模一樣植入青年的異界體驗當中，狀況如何？季節推定夏天，應該可被接受。一陣強風襲來，將他帶上雲端，充當雷神幫手，再失足從雲端滑落，掉在鄰家的屋頂上頭——變成這般的天上界訪問譚。

類似的童話，移入、更換作異界訪問者的體驗談一事，也反向意味著，神隱引起的異界訪問者的體驗談，亦可能轉變成民間故事。

傘匠故事中的異界訪問，實際充滿暗示，以「夢」收斂結束。人在普通狀態下，絕不可能上去雲端，否則必須借助神祕法門。故事並無套招詭譎伎倆，僅在夢中遂行異界訪問的體驗。昔日人們想方設法，憑藉「夢」之迴路，完成異界的歷程。

異界體驗談變作童話

關於前述的古老童話「源五郎昇天」，內容並無具體提及雷神的身姿、住處。然而，觀察同類型的變形故事，可以得見民俗社會的人們，如何運用想像力，加以具體描繪。

例如，採集自岩手縣的故事：天上界＝雲端之上，豪華殿宇，氣派房間，居住一位白髯翁，招待到訪的人間界青年。老翁有兩名美麗女兒（天女），兩女愛慕青年，私下欲以青年為婿。故事還說，老翁工作的時候，虎皮繫腰、頭頂生二角、嘴巴裂至耳根，變身人稱的鬼。工作內容為灑降下界西北雨，青年同樣充當幫手。照樣也是在雲端腳步不穩，掉落地面，幸運吊掛桑樹獲救（《江刺郡昔話》）。

我們都已熟知，肩項背負七面或八面小太鼓、敲擊雷聲，從雲端傾水撒雨，用鏡射出閃光——容態如是的雷神＝鬼神。如是的雷神＝鬼神形象，自古即有，十三世紀製作的《北野天神緣起繪卷》就已繪製背負多面太鼓現身的雷神＝鬼神畫像。

「源五郎昇天」同類型童話，另有內容更複雜的變形，顯示前往天上界的主人翁，從雲端落海，再前去龍宮，展開漫長歷程。可見諸《壹岐島昔話集》記載的故事，大致介紹如下：

傘工因手握傘被風吹上天。天神同情，委以降配天國潮水之任。天國潮水即地上之國的雨水。傘工後來思鄉，請求讓他返歸地面之國。「想回家就向後站立。」傘工照做。天神將之一推，掉進海中。抵達龍宮世界，奉侍某武家。一日，主人全家外出賞戲，傘工留守，主人交代切勿觀看裡面房間，但傘工忍不住開啟，難禁房內美食誘惑，才嚐一口，嘴巴立即咬鉤被拖拉上岸。「釣到人魚了，帶回去給人瞧瞧。」傘工向釣者說明原委，獲釋回家。詎料，家裡房子早已燒光，蔓草叢生。傘工猛力抽拔蔓草，突然老婆喊痛。原來，之前的經過全都是夢，他正在抽拔老婆的頭髮哩。

熟悉民俗社會異界觀的話，一定嘖嘖稱奇。主人翁從天上界（＝雲端世界）轉而移至水界（＝海中世界）的龍宮，將天上界與龍宮世界的形象，一併刻畫收入同則童話之中。

考察這則童話裡面，值得留意三點。

其一，海中的龍宮世界，形象重合武家世界。民俗社會的主體為農民、職工。對於該階層來說，城下町和江戶武家社群，遙不可及，相當於某種異界，因此挪借用來描繪龍宮世界的形象。

再者，特別的地方，海中，即龍宮的空間性質，較諸地上世界截然不同的觀念。主人翁無礙進入龍宮，連他本人都沒發現，此時此刻的自己，已具備符合龍宮的身形（或說屬性）。為什麼呢？因為主人翁被釣上地面的時候，他的身形早變成了人魚（上半身人形，下半身魚形，真實情況未知）。

民俗社會的人們，意識到人間界與異界性質的差異，究竟深入到何種程度，無法測知。再參照其他的童話，可以清楚，民俗社會確實成立某種性質差異的意識。試從數量龐大的「異類婚姻譚」當中，人女嫁作蛇新娘的「蛇婿入」類型故事之一舉例看看，或有助益。一名女子，為幫助父親，自願嫁給水界雄蛇為妻。之後，父親思女至深，臨際潭邊呼喚愛女名字，女兒現身，卻已變為上人下蛇的身形。故事發想揣摩，續住異界久居，不知不覺間，人類也會變成該世界住民的同樣身形。當然，也有前赴異界，無論時間多長，最後仍舊完整保留原本人間世界的身形者，不能一概而論。

異界的時間·人間界的時間

第三項值得留意的是時間。壹岐島童話，描繪人間界與異界（龍宮界）時間性質的差異。龍宮界一日，等於人間界一年或百年，流動方式截然不同。假設龍宮一日約莫人間界百年的話，居處龍宮界一年，人間界時間就流動三百六十五年之久。比較人間界與龍宮的時間，明白顯示，抵赴龍宮的人，身體的成長．老化，會以符合彼世界的時間節奏改變。亦即，用龍宮界的一日，去體驗人間界同一日分量的成長．老化；龍宮界十年的成長．老化，體驗人間界十年的成長．老化，只要仍身在龍宮界，成長．老化的時間感仍等同於人間界。但是，龍宮界經過十日，若以人間界的時鐘計數，就會發覺已經走動十年的光陰。

上述壹岐島童話的主人翁，回到故鄉之際，發現住屋已燒毀，蔓草叢生，意味妻子已死，家也沒了，時間流動速度如此迅疾。

單就這則童話來看，在異界＝龍宮界，時間緩慢推移，甚至時間流轉幾近停止，彷佛極致悠閒世界的異界，溯其源頭，可遠追至古代中國的仙界（神仙界）。龍宮世界的異界觀，深受神仙思想浸透。

日本民俗社會的異界時間觀，並不止於照搬中國神仙界的時間。對應仙界，狀況逆反，也有人間界一日相當異界一年、比人間界時間更快轉流動的世界。試回想進入狐世界，《今昔物語》賀陽良藤的故事，良藤自以為與狐妻共同生活十三年，但直到他被發現卻只度過十三天。亦即，人間界一日，異界一年。異界時間更快轉流動的異界觀，顯而易見。關於這點，實有必要細心留意。

人與神的交換

壹岐四面環海，因此可以理解，「源五郎昇天」類型的童話，何以會加入龍宮訪問的插曲。緣於濱海型民俗社會，強烈信仰龍宮及海中世界的存在。

眾所皆知的龍宮訪問譚〈浦島太郎〉童話，主人翁浦島太郎亦屬一名遭逢「神隱」的年輕人，內容無需詳細介紹。茲從眾多版本中，大略參考採集自富山縣射水郡的傳說。

漁夫浦島太郎，幫助被孩童虐待的烏龜，回歸大海。有一天，正在捕魚的浦島太郎，見到受惠的烏龜現身，感恩回報，邀他參訪龍宮。乘坐龜背，一眨眼工夫，潛行海中，公主率領魚族熱烈歡迎。停留兩日，第三天獲贈一個玉手箱返鄉。但漁村的模樣大變。詢問旁人，回說，三百年之久的從前，有個青年出海捕魚，就此行方不明。浦島太郎驚覺，那名行方不明者就是自己。龍宮三日，等於人間世界三百年。無可奈何的太郎，打開被交代切勿開啟的禮物玉手箱。內裡迅冒青煙，浦島太郎瞬間疾速垂垂老去。

青年漁夫浦島太郎，某日出海行蹤不明。其實受他幫助過的海龜引導，前往海底龍宮，不知情的村民，因他失蹤大為騷動，想必全村漁船出動，往復搜索附近海域。經過數日，始終沒能發現太郎，便判定他應該被海神＝龍神帶走了。對村人而言，太郎的失蹤確屬神隱事件，非比尋常。再加上，因為是童話故事，不免誇張荒誕，其失蹤受到重視的程度，竟被視作極端「異常」，以致經過三百年，後代子孫仍舊掛念心頭口頭，大談特談該起事件。

「源五郎昇天」類型的童話主人翁傘匠，遭強風吹上天，又從天上掉落走訪海底龍宮。既非傘匠自己自願前去天上界和龍宮，也不是天上界的雷神和龍宮住人主動邀訪，人與神的接觸全屬意外。傘匠偶遊龍宮，龍宮之神並無任何強制作為。

浦島太郎的場合，截然有別。太郎幫助過海龜，其還禮回報，獲邀參觀龍宮。因而能夠視作，人與神之間的物品交換、交流。人之得以訪問異界，契機在於「交換」。思考人為何得以訪問異界，「交換」契機的存在，是極為重要的線索。

「神隱」詞彙，字面看來，強烈帶有強行押赴異界的意味。但我們至今足可想像，村人判定神隱的失蹤者當中，亦有非被隱神帶去，而是迷蹤進入異界的人；或像太郎那樣，獲得給付（贈禮）的反給付（回禮），受到禮遇的人。

屍體被發現者，前往死後的世界。而行方不明者，或許同意、甘願被誘往某個異界。想像這種可能性的時候，我們當即明瞭，「神隱」一詞之所以洋溢甜美餘韻的理由。

「浦島太郎」童話的趣味所在，之前提及，龍宮時間與人間界時間的流動速差。例如，龍宮三日等於人間界三百年，因此太郎能夠以經過龍宮三日的肉體，返歸三百年後的人間界。

他百般作想，無可奈何。村子完全變貌、沒有認識的人，住家房產也已易手，睹之失望至極。更痛心的是，故鄉有如異國土地，太郎明明從異界歸返，卻又來到另一個「異界」。他無家可歸，所謂故鄉，已變成存在於三百年前的過去世界。

無計可施之餘，太郎突然想起玉手箱，將切勿打開的囑咐拋諸腦後，不意打開箱子，霎時起煙冒霧，太郎迅疾變成老叟而死去。玉手箱中，封存他的身體應該體驗的時間，竟長達三百年歲月。

聽聞浦島太郎童話，或有人惋惜，怪他太傻，不該衝動掀啟玉手箱；但太郎回想造訪龍宮的快樂，又後悔這趟進退不得的旅程，寧願恢復本來之身，把自己委付相應的人間世界時間而消逝死去，方能安寧平靜。

「睡美人」與「浦島太郎」的時間比較

格林童話的〈睡美人〉，講述某國國王與王后喜獲公主，國內十三位魔法使巫女，由於僅有十二只金盤，所以邀請其中十二位參加慶生宴。誰知被忽略的魔法使不請自來，狠下毒咒：「國王的女兒十五歲必死無遺。」十二位魔法使其中一名說道：「詛咒無法完全破解，但可以改為沉睡一百年」，於是施法減輕詛咒效力。十五年後，恰如預言，公主陷入深沉睡眠。連帶國王、王后、隨從，甚至整座城內，所有一切都進入睡眠狀態。而城堡外牆，玫瑰木叢層層圍合，阻止任何外人靠近。沉睡的「玫瑰公主」傳言，流布各地，許多王子聞訊，亟欲一探究竟，嘗試進城，皆失敗收場。直到正好一百年的時候，某王子終於得以入城。於是，公主、國王、王后及其隨從，城內所有的一切重新甦醒過來。該名王子獲迎進城，與玫瑰公主成婚。

把這則童話（民間傳說）與「浦島太郎」傳說相較，「浦島太郎」的悲劇性更為明顯。

睡美人從百年睡眠後的世界甦醒，她的睡眠，相當處於「死亡」或「無時間」，時間依舊停滯於百年前的狀態。百年睡眠期間，被玫瑰包圍之城的外面，時間持續流動。百年後醒來的公主，某種意義上，是從死的世界百年後復活過來，也就是從「異界」返回。與從龍宮三百年後返歸人世的浦島太郎的狀況幾乎相同。

然而，百年後覺醒的玫瑰公主，卻無需悲嘆。為什麼呢？儘管城外的世界再怎樣變化，與其沉眠時的同樣生活，仍原封不動封存於城內。國王、王后、隨從，城內的一切，有如睡覺一晚翌晨醒來。如果比照浦島太郎那樣，僅只睡美人沉睡百年的話，她醒來一定悲嘆莫名，城已傾頹、被玫瑰叢林包圍，摯愛她的父母親也已經死去了。

不由得讓人想起，《遠野物語》裡的寒戶婆婆故事。年輕時行方不明的女性，歷經三十寒暑之久，變成「枯槁癯瘦的媼婦」歸來，顯然該名女性即使身在異界，也如同在人間界一樣，更迭年齡。雖然人們乍見驚訝懷念，但其實內心並非真正盼望她歸來。經歷三十年，家人、村人的心態已然改變，已不是三十年前那樣的家人、村人，即使是，也不可能歡迎一名媼婦回來。

超時間裝置「四方四季庭園」

童話「浦島太郎」的他種變形，舞台移入內陸山岳，內容究竟如何？以下介紹採集自福島縣南會津郡，歸屬「看不得的房間」[2]類型的故事（《檜枝岐昔話集》）。

有個承包深山砍伐櫸木的樵夫，每天都會目睹一名美女對他笑著從眼前經過，深感好奇。某日，緊隨美女後頭走去，步伐甚快，岩石山路如履平地。突然，美女停下腳步說：「請跟我來，帶你去一個好地方。」沒多久，美女又說，

「攬住我的腰，眼睛閉起來。」樵夫照做，又過不久，「眼睛可以張開了。」定睛瞧看，美麗如錦繡的原野，矗立一棟巨宇。裡面沒有男人，盡是美女在享受美食、唱歌跳舞。

次日，美女說：「來看看四季庭園吧。」打開窗戶，櫻花盛開，鶯鳴蝶舞，是謂春之庭。「接下來看看夏之庭吧。」打開另一扇窗，果然是彷如燃燒般的暑天景致，遠處有兒童戲水。接著是秋景，金風吹拂，農作結實，小鳥漫飛。最後是冬景，窗戶才剛打開，寒風呼嘯，大雪紛飛。「看一下下就好，趕快關上。」美女說，但樵夫深深入迷，連三天貪看飽覽。漸漸想念朋友家人，萌生歸意。眾女挽留無效，原來的美女帶他回去。返抵熟悉的山路，美女贈送一個箱匣充當禮物，卻又說：「絕對不能打開喔。」趕到砍伐櫸木的地方，樵夫不見夥伴蹤影，也沒有櫸木樹塊。趕回村裡，自己的家也不見了，村裡盡是不認識的人。前往村長處，說明原委，陌生的村長拿出記錄冊本，邊看邊講：「我還小的時候，聽說過，很久很久以前，有個承包深山砍伐櫸木的樵夫走失，行方不明，是有這麼一回事……」翻閱記錄，「算來三百年前的事了。」如此跟樵夫解釋。

難耐孤寂的樵夫，打開箱匣，身影立刻當場消失。

這則民間故事，十足的山岳地帶風格，樵夫行方不明的場所位於山中，誘惑樵夫前往異界的美女，也令人聯想起棲息山中的綺麗女妖、山姬或山女郎。正是這樣的「神」或異人，引導樵夫遊歷異界。

途中，美女要求「眼睛閉起來」的畫面，同樣令人聯想起天狗之類的隱神，吩咐「眼睛閉起來」，於是闔目，就被帶往天狗山居的現實世界神隱體驗談。這則民間故事也是一種「神隱譚」，其故事內容，可以移植作為現實世界的神隱事件，失蹤者的異界訪問體驗。

樵夫前往遊歷的錦繡原野，究屬什麼地方？天上界？水界？山界？一時難以確認。如果座落山岳地帶，村落與村落間的深山幽谷，那就是高原平野的寬廣花海。假設如此，樵夫遊歷的是山中異界。該處異界的描寫，亦與民俗社會裡的神隱體驗講述一致，希望予以留意。

該處異界有棟豪宅，廳堂滿是沉迷玩樂的美女，給人神仙界的印象，可見美女也都是仙女。

作為神仙窟的巨邸，也與龍宮城的形象一致。樵夫獲邀觀賞的「四方四季庭園」，《御伽草子》的〈浦島太郎〉，也清楚提及存在於龍宮。另採集自鳥取縣日野郡的變形故事，獲邀遊歷龍宮城的浦島太郎，觀覽過「花開之間」、「牡丹之間」、「田植之間」、「盆踊之間」、「祭典之間」、「正月之間」。

如同國文學者德田和夫在著書《御伽草子研究》詳實論說，「四方四季的構想」，鎌倉時代即已廣泛流傳民間。不僅《御伽草子》的〈浦島太郎〉龍宮、《御伽草子》描繪酒吞童子的鬼城，還利用「七夕」的天上世界、「釋迦本地」的天竺域內等等，點綴各式各樣的異界（神之住居內部的構想）。更重要的，「四方四季庭園」的裝置設定，成為人間界與異界時間性質差異的根本原因。

更嚴密來說，「四方四季庭園」瀏覽一回，瞬時看過一年，立即體驗為真。如果瀏覽僅只一次，那麼，樵夫也僅止回到一年後的村落世界，程度並無甚大影響。但他因被其美吸引，瀏覽三百回的四季之庭光景。所謂「四方四季庭園」，純屬快速轉動人類時間運行的裝置。所以，浦島太郎跟樵夫，在龍宮異界存活三百年之久，而酒吞童子至少棲息大江山一百年以上，根源都在於「四方四季庭園」。

筆者想像，從春到夏，由秋至冬，循序瀏覽「四方四季庭園」一回，就會變成主人翁地上一年的體驗，那麼，順序逆反瀏覽「四方四季庭園」，由冬至秋、從夏到春，時間不就倒回嗎？肯定的話，那就無異一部時間機器了。三百年後歸返人間界的浦島太郎，如果再回到異界，反向瀏覽「四方四季庭園」，也許他就能夠倒回原初的時代了。無論如何，荒唐無稽的空想，也是探索異界的一種提示。

復歸社會的「龍宮童子」

讀過上述多種時間變異的民間故事，會不會好奇，我們之前介紹的「神隱事件」，有沒有屬於B型的行方不明者？失蹤後經兩百年、三百年，忽然因為戀家，回到業已完全改變的故鄉村落。這般的事件，現實裡真有若干案例嗎？

現代社會當中，三百年前的失蹤者，突然現身眼前。即使出自想像，也能享受科幻般的快樂。

閒話休說。同屬龍宮訪問譚的變形，也有獲邀遊歷河底龍宮的民間傳說。這則傳說，對於了解民俗社會的異界觀不可或缺。

一名信仰虔誠的燒炭工，每逢正月，都會在河裡放流松枝與交讓樹葉，奉獻給龍宮。某年正月，燒炭工照例來到橋畔，一位自稱奉公主之命前來迎接的美女，牽他的手，說：「請眼睛閉起來一下下。」燒炭工依言，不久美女又道：「請張開眼睛」，一看，抵達從未見過的城堡之前，亦即龍宮城。公主大喜燒炭工到訪，請他暢飲好酒，飽食珍饈，又帶領登臨二樓欣賞美景，打開東窗是春景色，打開西窗是夏景色，南窗是秋景色，北窗是冬景色。任憑燒炭工自由自在遊覽，但他還是想家了，公主百般挽留，「無論如何都想回去。」燒炭工說。他獲得許多禮物，被送回橋畔。

歸返村莊，模樣劇變。自己的家，搜遍記憶中的範圍都找不著，困惑的燒炭工前去請教村子最年長的耆老，「事實是這樣子的……」經詢之下，老人說：「你講的事啊，我還是小孩的時候，曾聽一位九十好幾的老人提過，有個燒炭工，把一袋煤炭放置橋頭，人卻不見了。確有這個事兒——」燒炭工心頭大駭，驚覺不過在龍宮停留四、五天而已，卻將近人世流轉二百年。瞬息間，身體「沒啦、沒啦」喀喀作響，化成一堆白骨。

這則民間故事，內容幾乎完全相同於「浦島太郎」。依從之前的考察，引人矚目的包括，龍宮城從海底移至河底的變化、「四方四季庭園」與時間的異質性、燒炭工失蹤事件百年口述流傳，以及玉手箱構思的缺漏。特別是在引用這則民間故事，確認這些要素的同時，還需留意到，主人翁燒炭工，每年呈獻松枝和交讓樹葉給龍宮，獲招待至龍宮遊玩作為回禮。之所以需要留意，因為其他故事也有開頭立即點明，「贈送異界禮物，而獲招待遊歷龍宮」的設定，但不同的是，須與返回人間界、復歸社會。這類型的童話，屬於「龍宮童子」故事群。

以下介紹的民間童話，採集自新潟縣見附市（《新潟縣南浦原郡昔話集》）。

一名貧困的男子，每天渡河過來市集賣花，若有剩餘，便投入河中獻給龍宮公主。某天，市集結束返家，卻遇水位暴漲無法渡河。懊惱間，腳下出現一隻巨龜，直叫他「上來、上來——」依言照做。也不知究竟到達何處，男子問「這裡是什麼地方？」「公主為回禮贈花，吩咐載你來到這裡。」登臨公主的殿宇一看，公主說：「給你一個男童，這孩子常會流涕淌涎，但你如果好好照顧，任何願望都可以實現。請把他當作自己的孩子看待。」該名男童名叫「兜寶」。男子將男童帶回，首先，家裡太窄小了，要求兜寶幫忙增建。只見兜寶閉目手拍三下，就變出一間大館邸出來。接著，被褥墊等家具、華美服飾，甚至變出千兩黃金。男子憑靠放貸成為土豪。五年過去，男子交遊愈加廣闊，到處應酬，男童始終流涕淌涎、一身破舊衣服跟隨他身邊，男子不勝其煩。土豪對兜寶說：「雖然承蒙照顧，但我已經不需要你了，回去吧。」「這樣啊，那沒辦法囉。」兜寶道。就在心底琢磨著男童是否出門了之際，豪宅瞬時變成了原來的破屋，身上的衣物，一切的一切，全都回復原本的樣子。男子至此地步，後悔莫及，悔不當初。

該則童話，存在很多值得研究的主題，已在拙著《諸神的精神史》詳加考察。這裡僅就某些觀點，扼要簡述。

故事當中，受邀訪公主的殿宇（可以視作龍宮），獲得禮物「兜寶」（贈花的回禮），賣花郎立刻返歸人間界。根據其他的變形版本，訪問期間有的說是三天或三十天，也有的變形指出，龍宮三十天等於人間界三個月，如此的龍宮時間異質性，與「浦島太郎」系統的民話大不相同，異界訪問者（＝失蹤者）不久便重返人間界，所以不會產生諸如「浦島太郎」巨大的時間差。並且，憑藉回贈禮物的力量，主人翁成為大富翁。

然而，看法改變，賣花郎的土豪生活，如等同於在龍宮過著快活的日子。託兜寶（研究者稱之為「龍宮童子」）的緣故，主人翁短暫享受榮華富貴，隨著兜寶離去，榮華富貴也結束了，男子恍似夢中醒來，意識到回復以往貧困度日的自己。就像「源五郎昇天」主角的異界訪問，純屬夢境。賣花郎體驗的富豪生涯，其實也僅是夢裡的曇花。

設想如此的話，儘管夢中的時間快速流動數年，但實際從入夢直到夢醒，卻僅只幾小時或幾天。故事裡頭，異界與人間界的時間流動速度不同，比照跟「浦島太郎」系統相反的「狐」系列民間故事，人間界一日，等同異界一年的時間流動。

另一矚目的是，水中異界的形象。「龍宮童子」故事，僅提及異界是河底的「公主的殿宇」，並無其他具體形容。但對閱聽者來說，單憑公主一詞，就足以聯想到龍宮，也可從「浦島太郎」的龍宮描繪，據而在腦海浮現幾許具體的形象。

這則故事的其他變形，也有稍微具體的異界勾勒，例如岩手縣採集的同類型故事，形容「水界矗立雄偉館邸，居住一位岸然白鬚老翁，宴請前來異界的訪問者，並賜予一名童子作為禮物。」此處的異界形象，比起龍宮，更像是富翁豪宅、武家屋敷。並且，館邸主人為白鬚老翁，如果確為龍宮的話，白鬚老翁就是龍王。觀察其表現手法，不就如同民俗社會人們所想像的，是棲息深山的妖怪之類的異人「山爺」，或「源五郎昇天」昔話裡所見識的，天上界雷神平日的容態嗎？而其水界形象，也與砍伐櫸木入山的樵夫，獲招待前往擁有「四方四季庭園」、錦繡原野之中的仙女住家，若干共鳴相應。

異界形象的多義性

所謂神隱，即某天，一個人突然消失於日常世界，或許被「某某」強制帶往異界；然而也有相反情況，發自極樂淨土的迎迓，發自龍宮招待失蹤者的邀請，而導致神隱的結果。

本章，盡可能致力究明「龍宮」的異界形象，但很遺憾，民間故事描述民俗社會的「極樂淨土」形象，並不十分豐饒。甚至「四方四季庭園」、「龍宮城」、「美酒美食」、「年輕美女」、「生財禮物」（例如敲打便能隨心所欲變出東西的萬寶槌）等幾個關鍵詞便能形容殆盡的龍宮，也可說是類型化的異界。

如是民俗社會的異界，多有將鬼城、龍宮城、神仙窟、閻魔殿重疊描繪，正面的異界與負面的異界共存的情形。清楚言之，某人以為是極樂淨土的異界，對他人來說卻彷如地獄的光景；而自以為是的極樂淨土，也有可能僅屬欺人假象。

我們在《今昔物語》目睹，賀陽良藤遭狐迷惑，伴同眾狐（他以為是人）度過短暫的、自認幸福的生活。他神志回復大感驚訝，猶如夢中覺醒。同樣於《今昔物語》目睹，伊吹山三修禪師的執迷不悟，將天狗偽來迎，誤信為阿彌陀來迎，遭天狗攫去其所施作的「虛幻淨土」。一星期後，弟子發現禪師被綑綁於樹幹，但他始終沒有覺醒過來。旁人知道禪師遭天狗捉弄的事實，但禪師猶然身陷夢境。禪師即使在被發現後的短時間內，仍忘情優遊於「天狗偽來迎」＝「虛幻阿彌陀淨土」。

經由此處考察，異界的形象內容，跟神隱體驗的異界，存在相當巨大的差異。那麼，究竟從夢境醒來是幸福呢？還是繼續做夢是幸福？難以捉摸。兩百年或三百年後歸來，亦即夢醒的浦島太郎之前造訪的龍宮，我們雖然記以正面的形象，但對太郎來說，真是幸福的世界嗎？他真是進入人人羨慕的世界嗎？諸如種種，總教人不禁再三吟味。

神隱信仰的背後，搖曳多形多樣的異界觀，我們必須慎微留意觀察。

譯註

①卡爾．布瑟（Carl Busse，1872～1918），德國新浪漫派詩人。在其母國幾乎沒沒無聞，其詩作*Über den Bergen*（*Over the Mountains*），一九〇五年經翻譯名家上田敏迻譯日文「山のあなた」，傳頌至今不絕。全詩拙譯華文如下：山啊，人們都說／幸福住在你那邊的空遠處／我依言去找，噙淚回來／人們又說，山啊／幸福就住在你那邊的更空遠處。

②看不得的房間，見るなの座敷。

第五章

何謂神隱？

現代的失蹤事件

經濟高度成長期以降，「神隱」的話題，從日本人之間急速消逝，人們不再相信神，也不再相信異界了。甚且，異界觀與神祇觀共有成立的民俗社會自身，也被都市化潮流吞沒，導致變質崩壞。這時期也是「家庭」的解體期，如同「人間蒸發」一詞，取代「神隱」登場，足以作為象徵。但過後不久，「人間蒸發」一詞，也被吸收，淡化於現代社會司空見慣的失蹤事件。

之前再三強調，失蹤事件並未消失，而是「神隱」的面紗從人們的心中抹去。失蹤事件發生，人們再也不會替該事件披上「神隱」的面紗了。

我們的周遭，至今仍時常發生以前足可轟傳為「遭逢神隱」的失蹤事件。試舉一例。一九九〇年六月十四日的朝日新聞，用五欄之大的標題「小六少女行蹤不明的五天」，報導「寄住長野縣松本市兒童養護設施的小六女生，八日晚間，說要前往橫濱市父親住處，卻行方不明。」

報導內容大致如下：八日晚間，該名女生放學途中，曾跟同學說要「搭電車去橫濱。」後來行方不明。事後調查確認，女生於JR松本站乘坐特快車抵達新宿站，曾向站務員詢問轉搭京濱快車到品川的方法。十二日晚間，距離父親家約兩百公尺的路旁竹林，發現女生書包，但卻沒有前往父親家的跡象，之後行蹤不明。

如果在之前神隱信仰仍然盛行的時代，該失蹤事件應會被認為「一定遭逢神隱了」而傳布開來，吻合柳田國男講述、幾近神隱體驗的經歷，以及第一章介紹的神隱事例中，若干出門遠行的神隱體驗談。這名小六女生，突然被「某物」誘惑，離家出走。

三天後的朝日新聞，標題「失蹤少女，平安無事」，同樣大肆報導。原來，該名女生隻身走晃橫濱中華街一帶，被警察發現。回答詢問，她說：「學校作文寫不出來，因此離開寄住處，前往爸爸家。但因不告離開寄住處，所以沒敢按門鈴，就在附近亂逛，覺得書包太重，放置在竹林。之後迷路了，碰到一名男性上班族（五十六歲），跟他說我錢包掉了身上沒錢，在他那裡留宿到十五日。白天上班族不在，就一個人去外面玩。」

失蹤女生八天後尋獲。平安落幕的失蹤事件，失蹤原因並非出於誘拐等重大犯罪，類似的稀鬆平常案例很多。綜觀情節，相當符合「神隱A_1型」。

該起事件最引人矚目的地方，迷路的女生遇見「男性上班族」，被帶往他家留宿。上班族聽信女生編造的謊話，好意暫時提供住處；但往惡意聯想，不禁讓人懷疑是否企圖誘拐？抑或惡作劇？

促使筆者注意的並非在此，而是該名上班族的形象，簡直就如同之前提及的山中異人、「天狗」或「山男」。寫不出作文，離開寄宿設施出走，中途迷路，跟隨「異人」漫行街道，之後被尋獲——變成這樣的「神隱事件」。如此看來，多數的神隱事件，一旦揭開「神隱」的面紗，類似該事件的真相，當會立即暴露我們眼前。

跟上述新聞事件同年的十二月十一日夜晚，群馬縣勢多郡新里村，發生小學五年級女生行方不明事件，報紙、電視等媒體紛紛加入報導。

當事人少女，當天下午六點五十分左右，從算盤才藝班下課途中，坐進購物經過的父親車裡，說要「去一趟同學家。」在距家約兩百公尺遠的同學家附近下車。三十分鐘後，父親來接少女，才知道少女根本就沒去同學家，於是立刻報警。

該行方不明事件，要是在以前的話，應被認定「遭逢神隱」事件。遺憾的是，一星期後十八日上午，村內雜樹林裡，發現少女遺體。誠然，今天不會有人認定天狗或鬼作祟，警察迅以殺人事件展開搜查，隔天立即破案。辦案當局查明令人意外的事實，原來父親竟貪圖保險金殺害女兒。

依據警察白書公布，每年報案可查約有九萬至九萬五千人行方不明者（一九八八年九萬四百九十人，一九八九年九萬二千二百人），其中應含有因誘拐或殺人的刑事案件，亦不乏逃家或意外事故。雖然不知道他們之後的命運如何，但恐沒人會將其行方不明的原因歸咎「遭逢神隱」。

神隱信仰消逝了，以至於現代社會發生的失蹤事件，幾全向人類世界內部推究其動機和結果。剝離「神隱」面紗後的失蹤事件，總被描繪成曝光人類世界充滿愛欲情事的陰暗印記之一。

我們現代人，觀看今日的失蹤事件，不再為之蒙蓋「神隱」的面紗，也不用引「神」介入，而是藉由人類世界內部來解明一切。即使感覺事件再怎麼「不可思議」，亦認為隨著調查進展，「不可思議」之處，依然可從人世內部的因果關係來加以釐清。

眾多失蹤事件當中，也有真相尚未大白卻告結案的事例，經過努力搜查最終仍未尋獲行方不明者的場合也很多，但面對尚未解決的失蹤事件，人們口中絕不會吐出「神隱」一詞，綁架？逃家？遭殺害棄屍某處？對於行方不明者的「其後」，也只能想像至此程度。

確能夠說，失蹤者隱沒於平素生活的「另一方」，但就現代人觀點，所謂的「另一方」，對家人和友人而言，縱使他們不知道、看不見「另一方」的世界，可也同樣位於人類世界的內部時空，已非屬於諸神領域的「另一方」了。

揭開「神隱」的面紗

讀者想必好奇。我們已在本書，見識許多掩覆「神隱」面紗的失蹤事件，假設運用現代人視角重新考察，將會明白呈現怎樣的事實呢？把所謂「神隱」面紗一層一層剝除，利用現代科學的合理主義重新審視，怎樣的真相將會浮出檯面？

如是的工作，歷史學家、社會學家、精神醫學家樂意從事的主題，對民俗學者而言，雖不有趣，還是有略為加以檢討的必要。因為，當提問「何謂神隱？」

讀者多會期待，剝除「神隱」面紗後的失蹤事件的真相，對其滿懷興趣。所以試舉幾則例子，掀開「神隱」面紗，加以現代意義說明。這些例子讀者業已知曉，但仍有需要補充之處，因而再做一次確認。

首先檢視，幼兒歷經幾小時，至多不過一天的失蹤事件。

請回想本書序章介紹，秋山鄉三歲女童失蹤事件。

女童行方不明一晝夜，後在中津川谷底河床發現。講述該事件的老嫗，認為才三歲的女童，竟然被發現於成人也絕難到達的谷底，深感「不可思議」，據此判斷該失蹤案純為「神」，即「天狗」作祟。但我們現代人合理推想，小孩蹣蹣跚跚，離開家人管束，進入山中，不自覺地選擇往下，成人龐大身軀難以通過，小孩卻能輕輕鬆鬆抵達的溪谷。單只看作「迷路失蹤兒」罷了。

不懂事的幼兒失蹤，數小時、隔日，或幾天後，被發現遺體的事件真相，遊戲不小心自高處墜落而死？說不定被親人滅口而死？總之，意外死亡、他殺、自殺？事出必有其因。

幼童失蹤，也有拚力搜查還是未能尋獲的案例。例如第一章介紹，長野縣下伊那郡上村的事件。推測其真相，迷困山裡而死、躲藏某處、意外事故？都沒發現遺體，或遭家族暗地殺人滅口？還是被誘拐去了？種種設想。儘管村人歸咎於「天狗」，但真相其實就在上述設想之中。

懂事到一定程度的小孩失蹤，除上述推測之外，還要加上逃家的因素。家庭關係緊張，自發性主動奔赴人人欣羨的都會，嚮往生活在比鄉村更美好的世界。

成人男性的話，又怎樣呢？上述理由之外，還要加上戀愛或婚姻問題導致的失蹤。例如，未婚男性期待與父母不允許的女子結婚，便與該心儀女子私奔，卻被家人村民標識「神隱」的印記。相反的，也有拒絕與父母中意的女子結婚，而告失蹤的男性。這類的失蹤，可說是當時的社會結構、社會關係、家庭體系所引起的失蹤。去除掩覆這些失蹤事件的「神隱」面紗，立即浮現其時代社會制度和婚姻制度的矛盾。

成人女性亦然。偕同心愛男子私奔，逃避跟討厭的男方（家）結親而故意失蹤。第二章提及騎馬新娘失蹤事件的真相，合理推測原因就在這裡。

失蹤的緣由當中，罹患精神障礙之成人男女，也有必要列入考慮。例如第二章柳田國男《山之人生》介紹，德田秋聲鄰家青年行方不明，便是屬於該類原因的失蹤。同章早川孝太郎報導愛知縣北設樂郡本鄉町的事例，失蹤者亦屬「生來癡鈍」

的青年。短期間內失蹤型態的「神隱」真相，恐怕出自病因性的情況居多。

小孩也好，成人男女也好，失蹤後迄無消息的事件真相，估計多為逃家或誘拐。農村地帶與都會地區相比較的話，據推測，憧憬都會的人不少，加上陌生人很難不被發現而潛入農村，逃家者較多。都會地區則相反，被誘拐者較多。平安時代、中世的京都，以及近世的江戶市區失蹤事件頻繁，恐怕其中多包含誘拐。

所謂「神隱」，也有假借隱神而行誘拐之實的側面，剝除面紗之後，就顯露上述的事實樣態。

擄人與大袋

暫且不管是否標識「神隱」印記，當真被綁架的人，「其後」下場如何？又到底因何理由被誘拐？暫把話題轉移至這點，加以考量。

鎌倉時代的《古今著聞集》載有下列的故事。

建保年間（一二一三～一二一九），一位名為高倉的女官，其子阿古法師時年七歲。某天，阿古法師跟附近小孩同去小六條地方，直到傍晚，他們還在玩相撲遊戲。突然，牆垣上頭垂降一條布幔之類的東西，包住阿古法師。正詫異間，眼看阿古法師就消失不見了。現場的小孩立刻鳥獸散，回家嚇到說不出話來。悲嘆的母親這找那找，都無所獲。第三天深夜，女官家有人叩門，女官疑駭未敢開門，只問：「誰啊？」門外回說：「給你送回失蹤的孩子，趕快開門！」女官仍舊猶豫，屋簷似乎人聲大笑，往廊下丟投某種東西。女官顫抖身子點燈查看，真的是自己的孩子，宛如死了一般，無法開口，只剩眼睛一眨一眨。

這則故事，可視作真實失蹤事件的忠實記錄。但沒有提到阿古法師的體驗，也沒提到失蹤的原因，究竟是鬼或天狗引起的「神隱」？還是被「擄人集團」給綁走？也無提及旁人有何議論。

然而，傍晚時分被某某抓藏三日後，阿古法師獲釋回家之際，外頭回話「給你送回孩子」，又有大笑聲，僅此而已，頂多屬於犯人的線索，而非證據。

聽聞該事件的人，如果引用自己的異界觀或神隱信仰去解釋，會認為阿古法師是被鬼或天狗隱蔽。推測夜裡常有許多鬼怪在京都街道來回走動，那麼阿古法師一定是被鬼——「百鬼夜行」一夥給隱蔽。這樣的解釋再合理不過了。

拉回現實世界、人類世界的維度，不是神怪，而是被人綁架的說明也足可成立。阿古法師先被「擄人集團」誘綁，集團內部成員有認識阿古法師的人，判斷沒有商品價值，總之經過波折，就把阿古法師帶回母親家釋放了。

這樣的「擄人」，當時也叫作「勾人」、「引人」、「拐人」。人，又因何目的被誘綁呢？

歷史學家保立道久，介紹過平安時代中期的一件事例，某伊賀國人滯留京都一段長時間，女兒被綁走。母親不間斷找尋十多年後，終於找到在伊勢國誘拐者家裡充當傭工的女兒。這是抓來當傭工榨取勞力的誘拐。

還有，十四世紀中葉的貞治五年（一三六六），興福寺六方眾評定事書，記載山伏把稚兒裝入大袋綁走的事件，目的恐怕在於男色。

保立道久目光特別導向誘拐工具大袋，幫傭家僕用來扛背主人行李的大袋，「另方面也作為綁架擄人的輕便拘禁工具，武裝優勢者的襲擊行動之中，家僕持有的布袋，可以立時轉用為強制抓攫的工具。在強盜勾當的行動中，大袋常是他們攜帶的工具之一。」（《中世之愛與從屬》）

傍晚，還在外頭玩耍的小孩，常會被嚇唬：「抓人的來囉！」今天也許還會有吧。這樣的嚇唬方式，中世以來即有。咕嚕——咚，一下子就把小孩套進袋子，哭聲叫聲也不易洩漏，輕鬆就把小孩擄走了。

日落時分，攜拿大袋者，趁天色昏暗，把仍逗留在外的小孩套入抓走，從類似案件橫行的中世情況來看，阿古法師的失蹤，應該是被套進從牆垣垂降下來的大袋，而遭擄走的綁架案件。

人口販賣的網絡

法制史學者牧英正，在其著書《人口販賣》中指出，「擄人」的背後，存在遍布全國各地的網絡組織「買人—賣人」集團，中世說經節的〈山椒太夫〉[1]物語，充分描繪表露人身買賣的商賈生態。

東北奧州岩城判官正氏獲罪，遭流放九州筑紫。子女安壽姬、廚子王姊弟，與母親、乳母一同前往探視父親。抵越後直井（直江津）渡口，天色已暗，投宿無門。正困擾間，被專營拐人勾當，來自山岡的擄人集團頭目所欺，將母親、乳母賣給佐渡的二郎，姊弟賣給宮崎的三郎，後者再將姊弟轉賣給丹後國由良港埠的山椒太夫，姊姊被命挑擔海水製鹽，弟弟被命砍材伐薪。

鎌倉時代中期成立的佛教說話集《撰抄集》，第一卷第六話〈越後上村見〉敘述，越後國志田上村地方一處臨海市集，不但出售山海產物，還販賣馬匹、人口。

……其地靠海，臨內灣處，貴賤雜沓，彷彿朝市。沽售貨品非僅海鱗、山果、絹布之類，甚至人口、馬匹亦赫然在列。其中不乏稚童，青壯者勿論，甚至蒼蒼白髮、弓背痀瘻，命存旦夕之老者，倂言受其助而苟活，從事虛張聲勢，蠱惑人心之買賣。

換言之，在這市集裡，幼年者、青壯富勞動力者，連餘命無多的老人也在買賣之列。

憑靠以人身買賣職業者組成的網絡、市集，遭親友出賣的小孩或年輕姑娘等等，從遠方誘拐而來的受害人，在強制勞動或賣春的誘因之下，慘遭賣出買進。

兒肝摘取傳說「阿彌陀之胸割」

誘拐事件＝擄人營生橫行的傳說當中，我們還需留意，妄信幼兒生肝能癒不治之症，百般設計調貨的綁架事件，在古時的京都裡外層出不窮。十四世紀中葉洞院公賢日記《園太曆》，以及十五世紀中葉的《萬里小路家日記》，均有記載。

類似第三章介紹，《今昔物語》的纐纈城傳說，以及民間故事〈脂取〉，拐騙幼童的目的，大都為取用生肝。古代京都民眾之間，就曾流布「兒肝摘取」傳說。「兒肝摘取」的傳說，也改編進入文藝世界，古淨琉璃和說經節，都雙雙存有同故事「阿彌陀之胸割」的戲目。

天竺毘舍利國富翁官師兵衛，享盡榮華，憑藉金權，施作惡道、暴行為樂。釋尊調派地獄諸鬼攻擊，致使墜墮地獄。留下其女天壽與其子丁禮，淪為乞丐。父親第七年忌，姊弟二人決定賣身，弔念亡親菩提。其時，夢庄巨富之子若松年十二歲，罹患怪病，占卜顯示，急需同齡八字吻合女孩的生肝救治。於是急尋收買十二歲女孩，久久未果。阿彌陀佛引導天壽姊弟來至巨富處，天壽決定自願賣肝救治若松業病。阿彌陀佛暗地以己身取而代之，拯救天壽之命。

故事創作動機，源自闡明阿彌陀佛法力靈驗，但也真實描繪幼童生肝是業病良藥的傳說內幕。人如果罹患不治之症，妄信術士、山伏勸服稚童生肝有效，必祕訪求之。以致張羅生肝的「人口販子」、「擄人集團」經常出沒京都裡外。

活躍於明治、大正時期的醫學家暨醫學史家富士川游，在著書《迷信之研究》記載，盛傳「神戶、大阪一帶，收買幼兒、採集生肝製藥販賣」。又提到，曾聞廣島「有人殺害八歲學童，頭顱身體棄置溪谷，只取四肢燒烤焦黑，連同柏餅送至妻某娘家。此乃源自幼兒焦肉治療『癩病』甚具功效的迷信。」可見為治療頑疾而殺害幼兒的現象，直至明治、大正時期仍時有所聞。

幼童遭逢神隱的內幕，實為得手生肝而被誘拐，賣人—買人，以至遂行殺人的勾當。

筆者小時候的記憶，父母親經常告誡，「如果不聽話，就會被擄人者抓去。」恐懼感至今猶存，許多讀者或也有類似的經驗。關西方面，繼承「兒肝摘取」的形象，拐騙幼童的「子取」傳言盛行，就筆者聯想，非「雜技團」、「馬戲團」莫屬。四處流浪的藝人，總給人負面的形象。易言之，他們是隱神的末裔。

神隱的現實隱

當我們揭開「神隱」面紗，就能目睹藏蔽其後的人世間極端恐怖的悲慘現實。

筆者認為，神隱，目的在於遮掩真實世界的各種現狀，而製造的語彙和觀念。

然而，遮掩現實世界本來面貌的神隱，究為何物？

將之前提及失蹤事件的真相，再度覆以「神隱」面紗，即可清晰解答。

失蹤事件發生之際，疑惑「是否遭到神隱」的人們，敲鑼打鼓搜尋無著，幾天後失蹤者遺體在山裡被發現。人們從現場和死者模樣，看出不可思議，判定果然「遭逢神隱」。如此這般，失蹤者被當作前往民俗社會「另一方」，神之國度的旅者，亦即社會性的死者。失蹤者之死的真相，究屬意外死亡、自殺或他殺？由於標識「神隱」印記，全數不去聞問，僅將失蹤者＝死者送至「另一方」。即使知道真相的人，也會默許標識印記，真相因此被面紗掩覆了。

失蹤者始終未現身的場合亦然。失蹤的真相，恐怕是厭惡鄉下生活、憧憬都會而「逃家、私奔」的動機，包藏於「神隱」面紗之內。失蹤者因此被認定突遭誘往「另一方」的神之領域。就社會意義來說，失蹤者業已死亡。

恍然大悟了嗎？所謂「神隱」，並非僅只隱蔽人，尚具備阻卻人們直視真相的現實隱蔽機能。

還有，失蹤的當事人，幾年後，甚至數十年後返回，儘管當初失蹤的實際理由，可能是討厭鄉村生活而離家、被誘拐、逃婚、生病、遭損友欺騙等等，一旦失蹤者突然返回，村人會單純認為「遭逢神隱的行蹤不明者回來了」，允許歸村，或拒絕歸村。

歷史學者山本光正表示，江戶時代，戶口內有人不告而別，戶口內家屬親人負有搜尋義務。文化九年（一八一二），修正關於村民逸逃規定，家屬親人出訪尋找的義務，每三十日為計共六次，總計一八〇天。過後，方得向當局申請離家者除籍，從戶口名冊抹消。

然而，一旦離家者回來，懇求准許的話，若非涉及犯罪，一般而言，提出歸戶申請大都可獲同意。

山本光正指出，居於這點，「離家者、逸逃者平安歸來的場合，所謂的『神隱』現象，實為相當方便的託辭。願意回復原來生活的人，可以據之為及時救濟的手段，將過去付諸流水的方法。」（〈失蹤偶想〉）換句話說，神隱，除作為歸村理由之外，也有隱蔽過去的效果。

總之，神隱，失蹤之際，「隱人」的同時，並具備「這一方」的「現實隱」意義，為失蹤者重新歸村的時候，藏匿了失蹤期間的難言之隱。

失蹤者在失蹤期間經歷的情事，投諸「另一方」＝異界，而把現實隱蔽起來。所謂神隱，答案赫然座落在此。

夢牽引異界

回顧神隱的三種類型，尤其是被視為民俗社會的「神隱」典型——「神隱A_1型」。「神隱A型」屬於失蹤者被發現的場合，又可分為兩種型態，歸返者可以自述失蹤期間體驗的情況，或不記得失蹤經過的情況，前者名之A_1型，後者名之A_2型，最為理想的神隱則是A_1型。因為在A_1型神隱的場合，失蹤者得以片斷式陳述，為我們談及某種異界體驗。也就是，神隱的存有與否，全憑A_1型神隱體驗者的支撐。

A_1型神隱，在「神隱」的帷幕中映照出異界的樣態。即使真相不過是山裡亂走、街坊漫步，但失蹤者自身既向外人自白訪問異界，那麼他就完成了異界訪問。

之前的考察浮現腦海，A1型神隱，與夢關係匪淺，甚至可以說，異界透過夢，確認並保證自身的存在。

A1型神隱事件的神隱體驗談，乍看全為如夢似幻的內容。例如，柳田國男從德田秋聲轉述德田鄰居青年的異界體驗，可說是該青年的夢境。愛知縣北設樂郡本鄉町青年體驗的異界，恐也屬該青年的夢境。他們的夢境，顯示通往異界的路徑，明示異界的場所。

夢是異界的通路，藉由「源五郎昇天」、「脂取」、「髮剃狐」等等故事，應可明白，它們的結尾，幾乎全歸於「原來是一場夢」。人們因夢前去異界，相對考量被判定遭逢神隱的失蹤者歸返的陳述，也必然是夢想或幻想。

我們必須予以注目的，依憑神隱的異界經驗談，與因意外或病理性的「瀕死」者的做夢——講述內容大多是散步美麗花海、空中飛翔、通過隧道、臨近三途川——兩者相當部分重疊。在在顯示，神隱體驗者的自述，意味他們在失蹤期間，無論肉體或精神方面，自身都置於「瀕死」的狀態。

例如，兒童文學作家石井桃子的名作《信子坐在雲彩上》，敘述八歲的信子小妹妹，跌落池塘失去意識，獲救在家休養直到恢復意識期間，夢見身處雲端的故事。亦即，信子在「瀕死」狀態，透過做夢（特別的意識狀態）進行異界體驗。人們在「瀕死」狀態所做的夢，在以往的民俗社會裡頭，結合成為共同幻想的異界，而異界則經由做夢而得以確認。

這樣的異界，也適用於A_2型神隱，以及B型、C型神隱，人們把遭逢這三型神隱的失蹤者的「其後」，以做夢為體驗，或利用已知的民間故事、傳說，予以「想像描繪」。

如果要問，「神隱A_1型」究竟是什麼？可以比擬作迷走者將異常恐怖的夢，當作異界體驗。如此一來個人的夢，也是共同的夢、共同的幻想了。

神隱消逝的時代

近代，「神隱」面紗所映照的共同的夢＝異界的夢，已遭撲滅，面紗後面的現實完全攤開在陽光之下。而現代，一切更都現實化了。

在今天，把失蹤事件認真當成「神隱」看待的人，一個也沒有。我們捨去了異界，判定所有的事物，皆可依據人類社會的邏輯．因果關係說明。

我們已經失去神隱，失去「異界」。泉鏡花、大江健三郎驅使文學想像力而尋獲，或藉以託付的「通過儀式」、「母胎回歸」、「母性思慕」、「始源回歸」，也都喪失了。

以下的神隱事件，我們當前捧而讀之，總覺特別懷念。

石川縣金澤市淺野町，明治十年間（一八七七）發生的事情。德田秋聲鄰居，二十多歲青年，將木屐脫棄德田家窗外邊高大柿子樹下，行方不明，遍尋不著。無意間聽見德田家天花板發出重物掉落聲響，德田君兄長爬上去查看，見失蹤青年橫臥，將他背負下樓。青年口銜樹葉，嘴角瘀青。待大致恢復意識詢問經過，青年答稱一魁梧老漢帶他出遊吃美食，不去還不行，說著說著又嚷嚷要出門。平素表現稍微遲鈍的青年。之後的情形無人知曉。

再次引用之前介紹過的事例。依照本書考察的結果，可以某程度推測得知，這件事例的「神」是什麼樣的神？「神隱」面紗之後隱藏什麼樣的事實？

當時的人對於這起事件，及時將之掩覆「神隱」面紗，如此一來，這名「遲鈍」青年的失蹤原因，不求諸「這一方」，而求諸「那一方」。求諸「這一方」或求諸「那一方」，關係到對於青年的處置方式，兩者截然不同。人們寧願相信，他被神隱蔽而遊歷異界，相信介入該事件的神之存在，以及異界的存在。

社會性之死與再生的物語

江戶時代中期，江戶南町奉行根岸鎮衛的著作《耳袋》[2]，我們掇拾其中幾起被當作「神隱」處理的失蹤事件。這些故事，如果根據本書考察，可以某種程度理解其之所以失蹤的理由。但我們已經無須這樣做了，不如順著之前的考察，細細品味、閱讀這些事例。

寬政六年或七年（一七九四、一七九五）的時候，江戶番町有位俸祿千石的官員某某，名實相應，受人尊敬，其人女兒當時八歲。某日，聽見幾名男女乞食者在鄰家門口彈琴賣唱，女兒好奇想去看看，母親生氣制止，但女兒不聽勸，執意外出跑到庭院，乳母趕緊阻止，女兒賭氣，跑進屋內儲物間。乳母隨後打開儲物間一看，女孩竟不見了。立刻報告夫人，全家大驚，連廁所、櫃廚都沒遺漏，搜遍整間房子，還是找不到。通知外出辦事的主人回來，搜遍住家附近，甚至遠至麴町，也杳然無蹤。夫人悲嘆，虔心祈禱，用盡一切方法。三天後，家中有人似乎聽到儲物間傳來女孩哭泣聲，找又沒人。夫人忽又聽見哭泣聲從庭院傳來，衝出一看，正是失蹤已經三天的女兒。趕緊抱回保護，餵食湯藥。女孩頭髮黏沾蛛絲，手腳有芒草荊棘刮傷痕跡。經療養恢復精神，父母詢問原由，竟稱什麼都記不得了，無可如何，不了了之。女孩之後平安長大，別人轉述這件事的時候，已經十五、六歲。

這則故事以「小兒行蹤暫時不明之事」為題。八歲女孩，好奇門外的賣唱者，旁人制止她前去觀看，賭氣隱身儲物間消失蹤影，三天後再從儲物間出現聲息。

這則失蹤事件並無採用「神隱」一詞，讓人聯想起《古今著聞集》裡頭的阿古法師失蹤事件，事件的真相，我們固然可以多方推敲想像，但還是掩覆以「神隱」面紗較佳，這樣，女孩才能溫柔地重回家人的懷抱。

接續介紹的故事，題為「神隱之類的真實事例」，明確標識「神隱」印記，失蹤者是一名成年男性。

江戶下谷廣德寺前，有個木匠，繼承其衣鉢的兒子十八、九歲。這是今年（寬政八年，一七九六）中元盂蘭盆節發生的事。青年說葛西附近有間寺廟大門，屬於手藝高強的師傅傑作，想前往參觀。出去後從此下落不明。雙親驚駭，央求街坊鄰居，敲鑼打鼓找尋，毫無發現。過沒多久，鄰村某名熟識的青年，前往江之島參拜弁財天，誰知竟發現失蹤青年傻傻地站立殿壇，「你什麼時候跑到這裡來的？你父母親找你找得好苦。」失蹤青年回說：「我要去葛西附近看漂亮的廟門，咦，這裡是什麼地方啊？」朋友答：「江之島。」失蹤青年其他事都忘了，問不出所以然。朋友帶他去住持處，說明經過，「容我趕緊回去通知他的父母，可否這小子暫時寄放貴處？」朋友立即回去報告，失蹤青年終於被接回家裡。而令人不可思議的是，失蹤青年的伯父，亦即以木工為業的父親是為其弟，也是在十八、九歲的時候失蹤，至今仍未尋獲。因此緣故，父母思及前事，憂心忡忡。

十八、九歲的年輕木匠，外出觀摩秀逸寺門傑作，就此行方不明，敲鑼打鼓遍尋無著。鄰村朋友參拜江之島，卻在殿壇發現他的身影。

年輕木匠的失蹤，足以清楚標識「神隱」的印記，失蹤期間的行蹤，投放「那一方」處理，青年就能夠安心返回自己的鄉里。

《耳袋》還記錄一則興味盎然的失蹤事件，失蹤期間長達二十年之久。

八幡，是為近江興隆繁華之地。寬延、寶曆年間（一七四八～一七六四），鬧市豪商松前屋市兵衛，新婚娶妻不久，忽不知去向，行方不明，家中上下悲嘆莫名，不惜巨資搜尋，終無結果。擔心家業繼承，妻子不得已招婿豪商同族男子，而以前夫失蹤日作為忌日，虔誠悼念。

話說豪商失蹤當時，因為夜晚，下女陪他出外如廁，手擎燈火門外等候。許久不見主人跟下女回屋，夫人起疑，前去查看，只見下女枯候茅房外頭，夫人向內問道，怎會如此之久，是否不舒服？卻無人回話。打開廁所門一看，主人竟不見了。當時下女飽受種種穿鑿附會，難堪在所難免。倏忽二十年過去，某天，廁所似有人呼叫，家人前去瞧瞧，竟然就是二十年前失蹤的市兵衛。而其身上穿著衣物跟失蹤時一模一樣，家人震驚不已，爭相詢問，均不得要領。只見市兵衛嘴巴開闔作討食狀。家人趕緊端來飯菜，拚命嚼食間，市兵衛的衣服竟風化成灰，全身裸體。又趕緊給他穿衣飲湯。不論以前或最近的，市兵衛任何事都不記得，擔心是否生病或受傷，家人持續請醫生檢查投藥。以上情事，一位素常來往的眼醫，親眼見過返歸的八幡豪商，並得聞其家人，再跟我轉述。至於，返家豪商，後來跟妻子以及妻子的後夫，三角關係怎麼收拾？我跟眼醫朋友，都一笑置之。

丈夫行方不明，尋無所獲，只好以失蹤日作為忌日，另招夫婿，延續家業。誰料二十年後，丈夫竟穿著二十年前同款衣服現身。情節幾分類似民間故事「浦島太郎」。妻子與前夫、後夫，三人面面相覷，如何是好？實教人哭笑不得。往事全都付諸失憶前夫的失蹤，容易予人「神隱」的想像，而更令人懷疑的是，失蹤二十年返回的前夫，真的是以前的那個丈夫嗎？

神隱，究屬何人？何事？何物？如同《古今著聞集》昭彰顯示，牆垣垂掛下來一疋布幔，是一幅「隱人現神，蒙蔽人間世界的現實，披露異界的面紗」。引領失蹤者導向社會性的死，置於「生」與「死」的中間狀態。緣此，神隱一詞，叮叮鳴響著甘甜柔美的聲音。

所謂神隱，是「社會性的死亡」宣告，而其返回，是「社會性的重生」。某種意義上，神隱，即使帶有恐怖的異界體驗，亦屬一處社會性的、提供人們休息的時間帶，遠在日常生活的「另一方」，提供一處嶄新的社會性庇護所，讓我們安頓生活其間。

未敢夸言充分完整。反覆思索神隱相關種種之後，我不禁感覺，現代社會，是否還是需要「神隱」這樣的社會裝置？困倦於家庭生活、學校生活（考試競爭）、職場勤務，如果有像「神隱」這般，提供一處允許暫時從社會隱蔽的世界，那該是多麼的幸福。匿居神隱內裡，吾人可以成為「死者」，隨即又能夠返回，不須東拉西扯失蹤的理由，而得以復歸社會重生。

無論如何，吾人確有必要，創造一具配備現代裝束的「神隱」。

譯註

① 山椒太夫，傳說人物，又稱山椒大夫、三莊大夫、三莊太夫，森鷗外將其改編為小說，尤以溝口健二改編成電影著稱，獲一九五四年威尼斯影展銀獅獎。

② 耳袋，約完成於一八一四年，筆記小說形式的見聞錄，當初並未付梓發行，而是以手抄本傳閱，十卷，每卷約百則。又稱《耳嚢》。

序　章　不可思議的事故

◇大塚安子〈山紀行余談〉《あしなか》九七輯，一九六五年。
◇堀切直人《迷子論》村松書館，一九八一年。
◇柳田国男《山の人生》鄉土研究社，一九二六年（本書採用岩波文庫版《遠野物語・山の人生》一九七六年）。
◇松谷みよ編《現代民話考─河童・天狗・神かくし》立風書房，一九八五年。

第一章　作為事件的神隱

◇《遠山谷の民俗》長野縣下伊那郡上村，一九七七年。
◇柳田国男《遠野物語》聚精堂，一九一〇年（本書本書採用岩波文庫版《遠野物語・山の人生》一九七六年）。
◇菊池照雄《山深き遠野の里の物語せよ》梟社，一九八九年。
◇佐々木喜善《東奥異聞》坂本書店，一九二六年（《佐佐木喜善全集》第一卷，遠野市立圖書館，一九八六年）。
◇市原麟一郎編《伊野春野伝説散歩》土佐民話の会，一九七七年。

◇浅川欽一編《信濃・川上物語》国土地理協会，一九八二年。
◇早川孝太郎「神かくしの類例五ツ」《鄉土研究》五巻一號，一九三一年。
◇《脇野沢村史 民俗編》脇野沢村役場，一九八三年
◇神山弘・新井良輔《增補ものがたり奥武蔵》金曜堂出版，一九八四年。

第二章　神隱的規律

◇柳田国男《山の人生》鄉土研究社，一九二六年。
◇早川孝太郎「神かくしの類例五ツ」《鄉土研究》五巻一號，一九三一年。
◇《遠山谷の民俗》長野縣下伊那郡上村，一九七七年。
◇《古原の民俗》吉田市史編纂室，一九八四年。
◇藤田省三《精神史的考察》平凡社，一九八二年。
◇西村清和《遊びの現象學》勁草書房，一九八九年。
◇奥野健男《文學における原風景》集英社，一九七二年。
◇桂井和雄《仏トンボ去来》高知新聞社，一九七七年。
◇笹本正治《中世の音・近世の音》名著出版，一九九〇年。
◇黑田夢禪「天狗の話三つ」《土の鈴》一六號，一九二二年。
◇松谷みよ編《現代民話考—河童・天狗・神かくし》立風書房，一九八五年。
◇河合隼雄《子供の宇宙》岩波書店，一九八七年。
◇菊池照雄《山深き遠野の里の物語せよ》梟社，一九八九年。

第三章　各式各樣的隱神傳說

◇細川頼重編《東祖谷昔話集》岩崎美術社，一九七五年。
◇知切光歳《天狗の研究》大陸書房，一九七五年。
◇佐々木喜善編《江刺郡昔話》鄉土研究社，一九二二年（《佐々木喜善全集》第一卷，遠野市立圖書館，一九八六年）。
◇佐々木喜善編《老媼夜譚》鄉土研究社，一九二七年（《佐々木喜善全集》第一卷，遠野市立圖書館，一九八六年）。
◇高橋昌明《酒呑童の誕生》中央公論社，一九九二年。
◇佐々木喜善編《聽耳草紙》三玄社，一九三一年（《佐々木喜善全集》第一卷，遠野市立圖書館，一九八六年）。
◇野村純一「話の行方」川田順造・德丸吉彦編《口頭伝承の比較研究1》弘文堂，一九八四年。
◇岩倉市郎編《鹿兒島県喜界島昔話集》三省堂，一九七四年。

第四章　神隱及其異界訪問

◇伊東曙覧編《越中射水の昔話》三弥井書店，一九七一年。
◇佐々木喜善編《江刺郡昔話》鄉土研究社，一九二二年。

◇山口麻太郎編《壱岐島昔話集》鄉土研究社，一九三五年（《山口麻太郎著作集》第一卷，佼正出版社，一九七三年）。
◇石川純一郎編「檜枝岐昔話集」《あしなか》七〇輯，一九六〇年。
◇徳田和夫《お伽草紙研究》三弥井書店，一九八八年。
◇岩倉市郎編《新潟県南浦原郡昔話集》三省堂，一九七四年。
◇小松和彥《神々の精神史》講談社，一九九七年。

第五章　何謂神隱？

◇保立道久《中世の愛と従属》平凡社，一九八六年。
◇牧英正《人身売買》岩波書店，一九七一年。
◇富士川游《迷信の研究》養正書院，一九三二年。
◇山本光正「風与思うこと——近世神隠し考」《春秋》二四六號，一九八三年。

VIEW 115

神隱——來自異界的誘惑

作　　者　小松和彥
譯　　者　簡白
責任編輯　廖宜家
主　　編　謝翠鈺
企　　劃　陳玟利
美術編輯　劉秋筑
封面繪圖　陳映蝶
封面設計　斐類設計工作室

董 事 長　趙政岷
出 版 者　時報文化出版企業股份有限公司
108019台北市和平西路三段二四〇號七樓
發行專線　(〇二)二三〇六六八四二
讀者服務專線　〇八〇〇二三一七〇五・(〇二)二三〇四七一〇三
讀者服務傳真　(〇二)二三〇四六八五八
郵撥　一九三四四七二四時報文化出版公司
信箱　一〇八九九　臺北華江橋郵局第九九信箱

時報悅讀網　http://www.readingtimes.com.tw
法律顧問　理律法律事務所　陳長文律師、李念祖律師
印　　刷　勁達印刷有限公司
初版一刷　二〇二二年五月二十七日
定　　價　新台幣三二〇元

神隱：來自異界的誘惑/小松和彥作；簡白譯. --
初版. -- 臺北市：時報文化出版企業股份有限公司, 2022.05
面；　公分. -- (View；115)
譯自：神隠しと日本人
ISBN 978-626-335-199-8(平裝)

1.CST: 民俗 2.CST: 民間故事 3.CST: 日本

538.831　　111003892

KAMIKAKUSHI TO NIHONJIN
© Kazuhiko Komatsu 1991, 2002
First published in Japan in 1991 by KADOKAWA CORPORATION, Tokyo.
Complex Chinese translation rights arranged with KADOKAWA CORPORATION, Tokyo through Future View Technology Ltd.

ISBN 978-626-335-199-8
Printed in Taiwan

時報文化出版公司成立於一九七五年，
並於一九九九年股票上櫃公開發行，於二〇〇八年脫離中時集團非屬旺中，
以「尊重智慧與創意的文化事業」為信念。

缺頁或破損的書，請寄回更換